LA SERIE DE ESCRITURAS TEMÁTICAS

ESCRITURAS PARA
LA FE,
LA LIBERACIÓN,
Y
LA SANIDAD

JOHN ECKHARDT

T0370171

CASA
CREACIÓN
Para vivir la Palabra

Para vivir la Palabra

MANTENGAN LOS OJOS ABIERTOS,
AFÉRRENSE A SUS CONVICCIONES,
ENTRÉGUENSE POR COMPLETO,
PERMANEZCAN FIRMES,
Y AMEN TODO EL TIEMPO.
—1 Corintios 16:13-14 (Biblia El Mensaje)

Escrituras para la fe, la liberación y la sanidad por John Eckhardt
Publicado por Casa Creación
Miami, Florida
www.casacreacion.com
©2017 Derechos reservados

Library of Congress Control Number: 2017943802
ISBN: 978-1-960436-85-6
ISBN: 978-1-62999-339-3
E-book ISBN: 978-1-62999-350-8

Desarrollo editorial: *Grupo Nivel Uno, Inc.*
Adaptación de diseño interior y portada: *Grupo Nivel Uno, Inc.*

Publicado originalmente en inglés bajo el título:
Scriptures for Faith, Deliverance, and Healing
Publicado por Charisma House,
Charisma Media Company, Lake Mary, FL 32746 USA
Copyright © 2017 John Eckhardt
Todos los derechos reservados.

Nota de la editorial: Aunque el autor hizo todo lo posible por proveer teléfonos y páginas
de internet correctos al momento de la publicación de este libro, ni la editorial ni el autor
se responsabilizan por errores o cambios que puedan surgir luego de haberse publicado.

Impreso en Colombia
24 25 26 27 28 LBS 9 8 7 6 5 4 3 2 1

CONTENIDO

AGRADECIMIENTOS

Quiero agradecer al profeta Lauro Adame por haberme ayudado a compilar y ordenar estos versículos por temas.

POR FE, LA SANACIÓN Y LA LIBERACIÓN SON SUYAS

Bendice, alma mía, a Jehová, y no olvides ninguno de sus beneficios. Él es quien perdona todas tus iniquidades, el que sana todas tus dolencias; el que rescata del hoyo tu vida, el que te corona de favores y misericordias; el que sacia de bien tu boca de modo que te rejuvenezcas como el águila. Jehová es el que hace justicia y derecho a todos los que padecen violencia. Sus caminos notificó a Moisés, y a los hijos de Israel sus obras.

—Salmo 103:2–7

La sanación y la liberación son los dos elementos más representativos de nuestra experiencia de salvación. Dios se complace en sanarnos de todas nuestras enfermedades y en liberarnos de la mano del enemigo. Una de las maneras en que activamos estos beneficios de la salvación en nuestra vida es a través de la fe en Dios. Aunque nuestra fe sea pequeña como una semilla de mostaza es capaz de mover las montañas de la enfermedad, el sufrimiento y la opresión demoníaca en nuestra vida. Pero ciertamente es posible tener una fe fuerte, la cual se adquiere por el oír, y el oír por la Palabra de Dios.

Dios nos ha dado su palabra a través de la Biblia, en la cual podemos establecer el fundamento de nuestra fe. El Salmo 107:20 dice: "Envió su palabra, y los sanó, y los libró de su ruina". Cada vez que abrimos la Palabra tenemos acceso al poder sanador y liberador de Dios. Su Palabra está viva y activa, lista para revelar su fidelidad hacia su pueblo de todas las generaciones. Cuando leemos la Palabra de Dios, somos testigos de los actos y las maravillas de Dios a favor de su pueblo. Nos convertimos en testigos de la misericordia de Dios y nuestra fe se fortalece. Podemos creer que si Dios lo hizo por ellos entonces lo hará también por nosotros.

Durante los últimos treinta y tantos años, la sanación y la liberación han sido mis pasiones en el ministerio. Tengo el convencimiento de que Dios quiere ver a todos liberados y envueltos en la *shalom*, que es la paz, la prosperidad y la bendición de Dios. Jesús murió por ello. Y si somos atormentados por el enemigo, debemos ser capaces de establecer una estrategia ofensiva y defensiva contra él. Mi misión ha sido enseñar y predicar la liberación de Dios y ver a su pueblo armado y preparado para enfrentarse a cualquier demonio con la autoridad de Jesucristo, que es la Palabra viva de Dios (Juan 1:1).

La sanación y la liberación son nuestras a través del pacto

Las Escrituras tratan de principio a fin el tema del pacto de Dios con el hombre para rescatarlo, restaurarlo, sanarlo y liberarlo, a pesar de que este último ha quebrantado histórica y continuamente su parte del trato. Dios permanece fiel y el hombre es infiel. Dios mantiene los pactos y el hombre rompe los pactos. Pero siempre hay un remanente.

La sanación y la liberación la obtienen aquellos que están en el pacto con Dios; los que permanecen fieles. Un ejemplo de esto lo tenemos en la ocasión en que Dios le dijo a Elías: "Y yo haré que queden en Israel siete mil, cuyas rodillas no se doblaron ante Baal, y cuyas bocas no lo besaron" (1 R. 19:18). Estos siete mil hombres habían sido fieles a Dios y al pacto; no habían adorado ídolos. En la Escritura se les identifica como remanente. Necesitamos entender el remanente en términos del pacto. Dios prometió que Él salvaría a este remanente debido a las promesas del pacto que hizo con Abraham, y como los israelitas eran parte de la simiente de Abraham, Dios extendió su pacto de misericordia hacia ellos.

El pacto era simplemente que a través de la semilla de Abraham "serán benditas todas las naciones de la tierra" (ver Gn. 22:18).

Dios cumplió su pacto con Abraham al mostrar su misericordia con el pueblo de Israel cuando se metían en problemas. Debido a que Dios es justo, Él los juzgaba, pero entonces venía su misericordia y los salvaba, liberaba y restauraba.

La liberación del sufrimiento es una manifestación de la misericordia de Dios promulgada debido al pacto. Si no fuera por la misericordia de Dios, toda violación que cometiéramos del pacto causaría hoy nuestra destrucción. Cada acto de nuestra parte que esté fuera de los planes de Dios para nuestra vida nos pone en violación del pacto y nos abre a todo tipo de males y tormentos de parte del enemigo. Pero Dios ha ideado una manera en que podemos ser liberados de todos nuestros problemas, y luego sanados y restaurados a un lugar de autoridad en Él. La Biblia dice: "Muchas son las aflicciones del justo, pero de todas ellas le librará Jehová" (Sal. 34:19).

A través de Jesús, ahora nosotros también formamos parte de la simiente de Abraham. Hemos sido injertados en el pacto y ahora experimentamos también la misericordia de Dios. Toda obra de salvación, sanación y liberación es un acto de misericordia a nuestro favor debido al pacto de Dios con Abraham. Cuando vemos a Dios actuar en nombre del pueblo de Israel, librándolo de las manos de sus enemigos físicos, proveyendo para ellos en el desierto y sanándolos de todas sus enfermedades; y luego vemos a Jesús sanar a todos los que estaban enfermos y expulsando demonios de aquellos que estaban oprimidos por el diablo, estamos viendo acciones que forman parte del pacto de misericordia de Dios.

Cuando Jesús entraba a una ciudad, la gente le gritaba: "¡Hijo de David, ten misericordia de mí!" (Mr. 10:47; Lc. 18:38; ver también Mr. 10:46, 48–52). Ellos sabían que Jesús venía del linaje de David y que David era del linaje de Abraham. Pero este pacto de misericordia representa mucho más que el perdón del pecado. La misericordia nos ayuda en todo aquello en lo que tengamos necesidad: salud, liberación en tiempos de angustia, paz y prosperidad en cada aspecto de la vida. Por lo tanto, el grito: "¡Hijo de David, ten misericordia de mí!", podría ser cualquiera de las siguientes expresiones:

- Si necesito mis pecados perdonados, ten misericordia.
- Si necesito sanidad en mi cuerpo, ten misericordia.
- Si necesito ser liberado de demonios, ten misericordia.
- Si necesito un cambio en mis finanzas, ten misericordia.

Dios tiene una cantidad infinita de misericordia y de buena voluntad para ayudarnos y liberarnos. Su compasión lo impulsa a querer intervenir a nuestro favor y concedernos su misericordia. Y por medio de su pacto, tenemos derecho a esa misericordia en lo que respecta a sanación y liberación.

Creer la Palabra y declararla

Hace muchos años, el Señor me llevó a buscar pasajes claves de las Escrituras sobre sanación, liberación y guerra espiritual, y convertirlos en oraciones breves. Me dijo que estas oraciones tienen poder contra el enemigo porque están fundamentadas en el poder sobrenatural de la Palabra de Dios. Cuando comencé a desarrollar estas oraciones y declaraciones y las puse en práctica en el ministerio, comencé a darme cuenta de que declarar la Palabra tiene un poder tremendo para sanar y liberar de todo tipo de esclavitud. Mi libro *Oraciones que derrotan a los demonios*, así como otros de la misma serie surgieron de este período en mi ministerio. Hasta el día de hoy, recibimos informes de personas que fueron sanadas y liberadas por estas breves oraciones.

Pero ahora el Señor me ha llevado a hacer algo nuevo. Me ha instruido a desarrollar temas bíblicos sobre principios específicos del reino para ayudar a la gente a encontrar lo que necesita de la Palabra de Dios en el momento preciso. La obra que usted tiene en sus manos es una compilación de citas bíblicas relacionadas con la fe, la liberación y la sanación extraídas tanto del Antiguo como del Nuevo Testamento, y tienen el propósito de 1) mostrarle que Dios es el mismo ayer, hoy y por los siglos; y que si sanó y liberó a su pueblo en el pasado, Él los sanará y lo liberará hoy; y 2) ayudarle a desarrollar disciplina para usar el poder de la Palabra de Dios, a fin de desarrollar la fe necesaria para la victoria. Usted no tiene que correr hacia su pastor cada vez que el enemigo trate de atacarlo a usted o a su familia. La Biblia es un arma espiritual formidable que hará salir despavoridos a los demonios que intenten hacerle daño. Tenemos acceso a una de las armas más poderosas en el reino espiritual. Cuando declaramos la Palabra de Dios en la fe como lo hizo Jesús en el desierto (Mt. 4:1–11), el enemigo retrocede. Y de paso, tiene que devolverle siete veces lo que le ha robado.

Le animo a tomar estos versículos y declararlos sobre su problema o situación. Hay poder en declarar la Palabra. Hay poder en declarar los beneficios de Dios sobre cada aspecto de su vida.

He desglosado en cada sección cómo la curación y la liberación están reflejadas en cada uno de los testamentos. También he desglosado los significados en hebreo y griego de estas palabras clave para una mayor comprensión y una fe más sólida.

Es mi deseo que al leer este libro, Dios le dé seguridad en el deseo que Él tiene de salvarle y darle una vida abundante aquí y ahora. Creo firmemente que los creyentes no tienen que esperar hasta llegar al cielo para experimentar paz, salud, prosperidad y bendición. Creo que la *shalom* de Dios es nuestra por derecho pactado para disfrutarla en la tierra en este momento.

ESCRITURAS
DE FE

1

VIVIR POR FE

Las Escrituras revelan la importancia de la fe en la vida del creyente. La fe está relacionada con el oír la Palabra de Dios (ver Ro. 10:17), y "sin fe es imposible agradar a Dios" (Heb. 11:6). Ni siquiera es posible acercarse a Dios debidamente si no tenemos un poco de fe. En 2 Corintios 5:7, se nos insta a vivir por fe y no por vista. La fe es fundamental para nosotros como creyentes y afecta cada aspecto de nuestra vida. En la primera parte del libro encontrará una lista de todos los pasajes de la Biblia que hablan sobre la fe. Esta es una herramienta de referencia muy útil para quienes deseen aumentar su fe.

Pido a Dios que estos versículos puedan ser de fortaleza para usted. Léalos en voz alta cuando esté estudiando la Palabra de Dios y construyendo su "santísima fe" (Judas 20). La incredulidad y la duda le impedirán recibir las promesas de Dios. El miedo es otro enemigo de la fe que impide que recibamos de parte del Señor.

En el apéndice encontrará algunas enseñanzas sobre el ayuno que le ayudarán a superar la incredulidad, así como algunas oraciones y declaraciones que le ayudarán a desarrollar la fe necesaria para que la sanación y la liberación fluyan libremente en su vida.

Los siguientes pasajes son claves para esta sección dedicada a la fe:

> Pero sin fe es imposible agradar a Dios; porque es necesario que el que se acerca a Dios crea que le hay, y que es galardonador de los que le buscan.
>
> —HEBREOS 11:6

Debemos siempre dar gracias a Dios por vosotros, hermanos, como es digno, por cuanto vuestra fe va creciendo, y el amor de todos y cada uno de vosotros abunda para con los demás.

—2 TESALONICENSES 1:3

Así que la fe es por el oír, y el oír, por la palabra de Dios.

—ROMANOS 10:17

2

LA FE EN EL ANTIGUO TESTAMENTO

En el Antiguo Testamento, la palabra fe se expresa de tres maneras. La primera es utilizando la palabra hebrea *amén*, que significa acuerdo o regulación firme; en otras palabras, es estar de acuerdo con Dios y su Palabra y decir amén.[1] *Amén* significa "apoyar" o "sostener". Por lo general se traduce como "creer"[2] y se usa en el contexto del tipo de fe que lleva a la salvación y describe a alguien que se apoya en Dios (ver Gn. 15:6). La segunda palabra es *yaqal* (ver Job 13:15), que significa "confiar bajo extremo dolor o confiar bajo presión", y se traduce generalmente como "esperanza".[3] La tercera palabra es *qavá*. Esta es la palabra hebrea más fuerte que se utiliza para hablar de fe, y se traduce generalmente como "esperar".[4] El Salmo 25:5 dice: "Encamíname en tu verdad, y enséñame, porque tú eres el Dios de mi salvación; en ti he *esperado* todo el día" (*énfasis añadido*). Aquí, la palabra "esperar" significa: "buscar, tener esperanza, estar a la expectativa; esperar o buscar algo con impaciencia".[5] De la fe y de la esperanza se obtienen los milagros.

En el Antiguo Testamento hay muchas historias milagrosas de personas que tuvieron fe en un Dios que algunos ni siquiera conocían. Sus actos de fe fueron tan profundos que a algunos de ellos se les menciona en la "Galería de la Fe" de Hebreos 11. Sus historias aparecen en ambos Testamentos, y hay miles de años entre ellos. Fueron hombres y mujeres de Dios —como Abel, Enoc, Noé, Abraham, Sara, Isaac, Jacob, Moisés, la hija del Faraón, Ana, Débora, Rut, Ester y muchos otros—, cuyas vidas nos ayudan a fortalecer nuestra fe en aquel Dios que conduce, guía, escucha y responde.

Génesis

Y [Abraham] creyó a Jehová, y le fue contado por justicia.

—Génesis 15:6

Éxodo

Entonces dijo Jehová a Moisés: "Extiende tu mano, y tómala por la cola". Y él extendió su mano, y la tomó, y se volvió vara en su mano. "Por esto creerán que se te ha aparecido Jehová, el Dios de tus padres, el Dios de Abraham, Dios de Isaac y Dios de Jacob".

Le dijo además Jehová: "Mete ahora tu mano en tu seno". Y él metió la mano en su seno; y cuando la sacó, he aquí que su mano estaba leprosa como la nieve.

—Éxodo 4:4–6

Si aconteciere que no te creyeren ni obedecieren a la voz de la primera señal, creerán a la voz de la postrera.

—Éxodo 4:8

Y si aún no creyeren a estas dos señales, ni oyeren tu voz, tomarás de las aguas del río y las derramarás en tierra; y se cambiarán aquellas aguas que tomarás del río y se harán sangre en la tierra.

—Éxodo 4:9

Y el pueblo creyó; y oyendo que Jehová había visitado a los hijos de Israel, y que había visto su aflicción, se inclinaron y adoraron.

—Éxodo 4:31

Entonces Jehová dijo a Moisés: "He aquí, yo vengo a ti en una nube espesa, para que el pueblo oiga mientras yo hablo contigo, y también para que te crean para siempre". Y Moisés refirió las palabras del pueblo a Jehová.

—Éxodo 19:9

Números

No así a mi siervo Moisés, que es fiel en toda mi casa.

—Números 12:7

Y Jehová dijo a Moisés: "¿Hasta cuándo me ha de irritar este pueblo? ¿Hasta cuándo no me creerán, con todas las señales que he hecho en medio de ellos?".

—Números 14:11

Y Jehová dijo a Moisés y a Aarón: "Por cuanto no creísteis en mí, para santificarme delante de los hijos de Israel, por tanto, no meteréis esta congregación en la tierra que les he dado".

—Números 20:12

Deuteronomio

Y cuando Jehová os envió desde Cades-barnea, diciendo: "Subid y poseed la tierra que yo os he dado", también fuisteis rebeldes al mandato de Jehová vuestro Dios, y no le creísteis, ni obedecisteis a su voz.

—Deuteronomio 9:23

Y dijo: "Esconderé de ellos mi rostro, veré cuál será su fin; porque son una generación perversa, hijos infieles".

—Deuteronomio 32:20

1 Samuel

Y yo me suscitaré un sacerdote fiel, que haga conforme a mi corazón y a mi alma; y yo le edificaré casa firme, y andará delante de mi ungido todos los días.

—1 Samuel 2:35

2 Crónicas

Y cuando se levantaron por la mañana, salieron al desierto de Tecoa. Y mientras ellos salían, Josafat, estando en pie, dijo: "Oídme, Judá y moradores de Jerusalén. Creed en Jehová vuestro Dios, y estaréis seguros; creed a sus profetas, y seréis prosperados".

—2 Crónicas 20:20

Nehemías

Mandé a mi hermano Hanani, y a Hananías, jefe de la fortaleza de Jerusalén (porque este era varón de verdad y temeroso de Dios, más que muchos).

—Nehemías 7:2

Y hallaste fiel su corazón delante de ti, e hiciste pacto con él para darle la tierra del cananeo, del heteo, del amorreo, del ferezeo, del jebuseo y del gergeseo, para darla a su descendencia; y cumpliste tu palabra, porque eres justo.

—Nehemías 9:8

Y puse por mayordomos de ellos al sacerdote Selemías y al escriba Sadoc, y de los levitas a Pedaías; y al servicio de ellos a Hanán hijo de Zacur, hijo de Matanías; porque eran tenidos por fieles, y ellos tenían que repartir a sus hermanos.

—Nehemías 13:13

Salmos

Porque en la boca de ellos no hay sinceridad; sus entrañas son maldad, sepulcro abierto es su garganta, con su lengua hablan lisonjas.

—Salmo 5:9

Salva, oh Jehová, porque se acabaron los piadosos; porque han desaparecido los fieles de entre los hijos de los hombres.

—Salmo 12:1

Hubiera yo desmayado, si no creyese que veré la bondad de Jehová en la tierra de los vivientes.

—Salmo 27:13

Aguarda a Jehová; esfuérzate, y aliéntese tu corazón; sí, espera a Jehová.

—Salmo 27:14

Amad a Jehová, todos vosotros sus santos; a los fieles guarda Jehová, y paga abundantemente al que procede con soberbia.

—Salmo 31:23

Guarda silencio ante Jehová, y espera en Él. No te alteres con motivo del que prospera en su camino, por el hombre que hace maldades.

—Salmo 37:7

Pacientemente esperé a Jehová, y se inclinó a mí, y oyó mi clamor.

—Salmo 40:1

Creí; por tanto hablé, estando afligido en gran manera.

—Salmo 116:10

Por tanto, oyó Jehová, y se indignó; se encendió el fuego contra Jacob, y el furor subió también contra Israel, por cuanto no habían creído a Dios, ni habían confiado en su salvación.

—Salmo 78:21–22

Cuando vino sobre ellos el furor de Dios, e hizo morir a los más robustos de ellos, y derribó a los escogidos de Israel. Con todo esto, pecaron aún, y no dieron crédito a sus maravillas. Por tanto, consumió sus días en vanidad, y sus años en tribulación.

—Salmo 78:31–33

Mis ojos pondré en los fieles de la tierra, para que estén conmigo; el que ande en el camino de la perfección, este me servirá.

—Salmo 101:6

Pero aborrecieron la tierra deseable; no creyeron a su palabra.

—Salmo 106:24

He aquí, como los ojos de los siervos miran a la mano de sus señores, y como los ojos de la sierva a la mano de su señora, así nuestros ojos miran a Jehová nuestro Dios, hasta que tenga misericordia de nosotros.

—Salmo 123:2

Proverbios

El mal mensajero acarrea desgracia; mas el mensajero fiel acarrea salud.

—Proverbios 13:17

El testigo verdadero no mentirá; mas el testigo falso hablará mentiras.

—Proverbios 14:5

Muchos hombres proclaman cada uno su propia bondad, pero hombre de verdad, ¿quién lo hallará?

—Proverbios 20:6

Como frío de nieve en tiempo de la siega, así es el mensajero fiel a los que lo envían, pues al alma de su señor da refrigerio.

—Proverbios 25:13

El hombre de verdad tendrá muchas bendiciones; mas el que se apresura a enriquecerse no será sin culpa.

—Proverbios 28:20

Isaías

Por tanto, Jehová el Señor dice así: He aquí que yo he puesto en Sion por fundamento una piedra, piedra probada, angular, preciosa, de cimiento estable; el que creyere, no se apresure.

—Isaías 28:16

Pero los que esperan a Jehová tendrán nuevas fuerzas; levantarán alas como las águilas; correrán, y no se cansarán; caminarán, y no se fatigarán.

—Isaías 40:31

¿Quién ha creído a nuestro anuncio? ¿Y sobre quién se ha manifestado el brazo de Jehová?

—Isaías 53:1

Ni nunca oyeron, ni oídos percibieron, ni ojo ha visto a Dios fuera de ti, que hiciese por el que en Él espera.

—Isaías 64:4

Daniel

Entonces se alegró el rey en gran manera a causa de él, y mandó sacar a Daniel del foso; y fue Daniel sacado del foso, y ninguna lesión se halló en él, porque había confiado en su Dios.

—Daniel 6:23

Jonás

Y los hombres de Nínive creyeron a Dios, y proclamaron ayuno, y se vistieron de cilicio desde el mayor hasta el menor de ellos.

—Jonás 3:5

Habacuc

Mirad entre las naciones, y ved, y asombraos; porque haré una obra en vuestros días, que aun cuando se os contare, no la creeréis.

—Habacuc 1:5

Aunque la visión tardará aún por un tiempo, mas se apresura hacia el fin, y no mentirá; aunque tardare, espéralo, porque sin duda vendrá, no tardará. He aquí que aquel cuya alma no es recta, se enorgullece; mas el justo por su fe vivirá.

—Habacuc 2:3–4

¡Mira a los orgullosos! Confían en sí mismos y sus vidas están torcidas. Pero el justo vivirá por su fidelidad a Dios.

—Habacuc 2:4, ntv

He aquí, aquel cuya alma no es recta dentro de sí está envanecido, pero el justo por su fe vivirá.

—Habacuc 2:4, rva2015

3

LA FE EN EL NUEVO TESTAMENTO

En el Nuevo Testamento, la palabra griega que se traduce como *fe* es *pistis*, que significa: fe, seguridad, creencia, confianza, fidelidad o lealtad.[1] Podemos ver la fe en acción en el ministerio milagroso de Jesús. Dondequiera que Él iba sanaba multitudes de personas de sus enfermedades y las liberaba de muchos demonios. El alto nivel de expectativa y de fe del pueblo hacía que su unción sanadora fluyera. La fe del pueblo lo exigía. Pero en Marcos 6:1–6 se cuenta el relato de cuando Jesús fue a su ciudad natal y enfrentó la incredulidad y la duda del pueblo. La Biblia dice que no pudo hacer ninguna obra poderosa en Nazaret debido a la falta de fe que allí mostraron.

La incredulidad bloquea la sanidad y la liberación. Solo la fe puede liberar la unción sanadora. Si tenemos fe en que recibiremos sanidad, esta fluirá del poder sanador de Dios. Solo entonces su poder se liberará en nuestra vida.

Mateo

Y si la hierba del campo que hoy es, y mañana se echa en el horno, Dios la viste así, ¿no hará mucho más a vosotros, hombres de poca fe?

—Mateo 6:30

Al oírlo Jesús, se maravilló, y dijo a los que le seguían: "De cierto os digo, que ni aun en Israel he hallado tanta fe".

—Mateo 8:10

Entonces Jesús dijo al centurión: "Ve, y como creíste, te sea hecho". Y su criado fue sanado en aquella misma hora.

—Mateo 8:13

Él les dijo: "¿Por qué teméis, hombres de poca fe?". Entonces, levantándose, reprendió a los vientos y al mar; y se hizo grande bonanza.

—Mateo 8:26

Y sucedió que le trajeron un paralítico, tendido sobre una cama; y al ver Jesús la fe de ellos, dijo al paralítico: "Ten ánimo, hijo; tus pecados te son perdonados".

—Mateo 9:2

Pero Jesús, volviéndose y mirándola, dijo: "Ten ánimo, hija; tu fe te ha salvado". Y la mujer fue salva desde aquella hora.

—Mateo 9:22

Y llegado a la casa, vinieron a Él los ciegos; y Jesús les dijo: "¿Creéis que puedo hacer esto?". Ellos dijeron: "Sí, Señor". Entonces les tocó los ojos, diciendo: "Conforme a vuestra fe os sea hecho".

—Mateo 9:28–29

Al momento Jesús, extendiendo la mano, asió de él, y le dijo: "¡Hombre de poca fe! ¿Por qué dudaste?".

—Mateo 14:31

Entonces respondiendo Jesús, dijo: "Oh mujer, grande es tu fe; hágase contigo como quieres". Y su hija fue sanada desde aquella hora.

—Mateo 15:28

Y no hizo allí muchos milagros, a causa de la incredulidad de ellos.

—Mateo 13:58

Y entendiéndolo Jesús, les dijo: ¿Por qué pensáis dentro de vosotros, hombres de poca fe, que no tenéis pan?

—Mateo 16:8

Respondiendo Jesús, dijo: "¡Oh generación incrédula y perversa! ¿Hasta cuándo he de estar con vosotros? ¿Hasta cuándo os he de soportar? Traédmelo acá".

—Mateo 17:17

Viniendo entonces los discípulos a Jesús, aparte, dijeron: "¿Por qué nosotros no pudimos echarlo fuera?". Jesús les dijo: "Por vuestra poca fe; porque de cierto os digo, que si tuviereis fe como un grano de mostaza, diréis a este monte: Pásate de aquí allá, y se pasará; y nada os será imposible". Pero este género no sale sino con oración y ayuno.

—Mateo 17:19–21

Y mirándolos Jesús, les dijo: "Para los hombres esto es imposible; mas para Dios todo es posible".

—Mateo 19:26

Respondiendo Jesús, les dijo: "De cierto os digo, que si tuviereis fe, y no dudareis, no solo haréis esto de la higuera, sino que si a este monte dijereis: Quítate y échate en el mar, será hecho".

—Mateo 21:21

Porque vino a vosotros Juan en camino de justicia, y no le creísteis; pero los publicanos y las rameras le creyeron; y vosotros, viendo esto, no os arrepentisteis después para creerle.

—Mateo 21:32

¡Ay de vosotros, escribas y fariseos, hipócritas!, porque diezmáis la menta y el eneldo y el comino, y dejáis lo más importante de la ley: la justicia, la misericordia y la fe. Esto era necesario hacer, sin dejar de hacer aquello.

—Mateo 23:23

¿Quién es, pues, el siervo fiel y prudente, al cual puso su señor sobre su casa para que les dé el alimento a tiempo?

—Mateo 24:45

Y su señor le dijo: Bien, buen siervo y fiel; sobre poco has sido fiel, sobre mucho te pondré; entra en el gozo de tu señor.

—Mateo 25:21, 23

Marcos

Al ver Jesús la fe de ellos, dijo al paralítico: "Hijo, tus pecados te son perdonados".

—Marcos 2:5

Y les dijo: "¿Por qué estáis así amedrentados? ¿Cómo no tenéis fe?".

—Marcos 4:40

Y Él le dijo: "Hija, tu fe te ha hecho salva; ve en paz, y queda sana de tu azote".

—Marcos 5:34

Pero Jesús, luego que oyó lo que se decía, dijo al principal de la sinagoga: "No temas, cree solamente".

—Marcos 5:36

Y estaba asombrado de la incredulidad de ellos.

—Marcos 6:6

Y respondiendo Él, les dijo: "¡Oh generación incrédula! ¿Hasta cuándo he de estar con vosotros? ¿Hasta cuándo os he de soportar? Traédmelo".

—Marcos 9:19

Jesús le dijo: "Si puedes creer, al que cree todo le es posible". E inmediatamente el padre del muchacho clamó y dijo: "Creo; ayuda mi incredulidad".

—Marcos 9:23–24

Entonces Jesús, mirándolos, dijo: "Para los hombres es imposible, mas para Dios, no; porque todas las cosas son posibles para Dios".

—Marcos 10:27

Y Jesús le dijo: "Vete, tu fe te ha salvado". Y en seguida recobró la vista, y seguía a Jesús en el camino.

—Marcos 10:52

Respondiendo Jesús, les dijo: "Tened fe en Dios. Porque de cierto os digo que cualquiera que dijere a este monte: "Quítate y échate en el mar", y no dudare en su corazón, sino creyere que será hecho lo que dice, lo que diga le será hecho. Por tanto, os digo que todo lo que pidiereis orando, creed que lo recibiréis, y os vendrá.

—Marcos 11:22–24

Ellos, cuando oyeron que vivía, y que había sido visto por ella, no lo creyeron.

—Marcos 16:11

El que creyere y fuere bautizado, será salvo; mas el que no creyere, será condenado. Y estas señales seguirán a los que creen: "En mi nombre echarán fuera demonios; hablarán nuevas lenguas; tomarán en las manos serpientes, y si bebieren cosa mortífera, no les hará daño; sobre los enfermos pondrán sus manos, y sanarán".

—Marcos 16:16–18

Finalmente se apareció a los once mismos, estando ellos sentados a la mesa, y les reprochó su incredulidad y dureza de corazón, porque no habían creído a los que le habían visto resucitado.

—Marcos 16:14

Lucas

Y ahora quedarás mudo y no podrás hablar, hasta el día en que esto se haga, por cuanto no creíste mis palabras, las cuales se cumplirán a su tiempo.

—Lucas 1:20

"Porque nada hay imposible para Dios".

Entonces María dijo: "He aquí la sierva del Señor; hágase conmigo conforme a tu palabra". Y el ángel se fue de su presencia.

—Lucas 1:37–38

Y bienaventurada la que creyó, porque se cumplirá lo que le fue dicho de parte del Señor.

—Lucas 1:45

Al ver Él la fe de ellos, le dijo: "Hombre, tus pecados te son perdonados".

—Lucas 5:20

Al oír esto, Jesús se maravilló de él, y volviéndose, dijo a la gente que le seguía: "Os digo que ni aun en Israel he hallado tanta fe".

—Lucas 7:9

Pero Él dijo a la mujer: "Tu fe te ha salvado, ve en paz".

—Lucas 7:50

Y los de junto al camino son los que oyen, y luego viene el diablo y quita de su corazón la palabra, para que no crean y se salven. Los de sobre la piedra son los que habiendo oído, reciben la palabra con gozo; pero estos no tienen raíces; creen por algún tiempo, y en el tiempo de la prueba se apartan.

—Lucas 8:12–13

Y les dijo: "¿Dónde está vuestra fe?". Y atemorizados, se maravillaban, y se decían unos a otros: "¿Quién es este, que aun a los vientos y a las aguas manda, y le obedecen?".

—Lucas 8:25

Y Él le dijo: "Hija, tu fe te ha salvado; ve en paz".

—Lucas 8:48

Respondiendo Jesús, dijo: "¡Oh generación incrédula y perversa! ¿Hasta cuándo he de estar con vosotros, y os he de soportar? Trae acá a tu hijo".

—Lucas 9:41

Dijeron los apóstoles al Señor: "Auméntanos la fe".

Entonces el Señor dijo: "Si tuvierais fe como un grano de mostaza, podríais decir a este sicómoro: Desarráigate, y plántate en el mar; y os obedecería".

—Lucas 17:5–6

Y le dijo: "Levántate, vete; tu fe te ha salvado".

—Lucas 17:19

Os digo que pronto les hará justicia. Pero cuando venga el Hijo del Hombre, ¿hallará fe en la tierra?

—Lucas 18:8

Él les dijo: "Lo que es imposible para los hombres, es posible para Dios".

—Lucas 18:27

Jesús le dijo: "Recíbela [la vista], tu fe te ha salvado".

—Lucas 18:42

Él le dijo: "Está bien, buen siervo; por cuanto en lo poco has sido fiel, tendrás autoridad sobre diez ciudades".

—Lucas 19:17

Pero yo he rogado por ti, que tu fe no falte; y tú, una vez vuelto, confirma a tus hermanos.

—Lucas 22:32

Mas a ellos les parecían locura las palabras de ellas, y no las creían.

—Lucas 24:11

Entonces Él les dijo: "¡Oh insensatos, y tardos de corazón para creer todo lo que los profetas han dicho!".

—Lucas 24:25

Juan

Mas a todos los que le recibieron, a los que creen en su nombre, les dio potestad de ser hechos hijos de Dios.

—Juan 1:12

Si os he dicho cosas terrenales, y no creéis, ¿cómo creeréis si os dijere las celestiales?

—Juan 3:12

Porque de tal manera amó Dios al mundo, que ha dado a su Hijo unigénito, para que todo aquel que en Él cree, no se pierda, mas tenga vida eterna.

—Juan 3:16

Entonces Jesús le dijo: "Si no viereis señales y prodigios, no creeréis".

—Juan 4:48

Jesús le dijo: "Ve, tu hijo vive". Y el hombre creyó la palabra que Jesús le dijo, y se fue.

—Juan 4:50

Ni tenéis su palabra morando en vosotros; porque a quien Él envió, vosotros no creéis.

—Juan 5:38

¿Cómo podéis vosotros creer, pues recibís gloria los unos de los otros, y no buscáis la gloria que viene del Dios único?

—Juan 5:44

Respondió Jesús y les dijo: "Esta es la obra de Dios, que creáis en el que Él ha enviado".

—Juan 6:29

"Pero hay algunos de vosotros que no creen". Porque Jesús sabía desde el principio quiénes eran los que no creían, y quién le había de entregar.

—Juan 6:64

Jesús les respondió: "Os lo he dicho, y no creéis; las obras que yo hago en nombre de mi Padre, ellas dan testimonio de mí".

—Juan 10:25

Pero a pesar de que había hecho tantas señales delante de ellos, no creían en Él.

—Juan 12:37

Luego dijo a Tomás: "Pon aquí tu dedo, y mira mis manos; y acerca tu mano, y métela en mi costado; y no seas incrédulo, sino creyente".

—Juan 20:27

Jesús le dijo: "Porque me has visto, Tomás, creíste; bienaventurados los que no vieron, y creyeron".

—Juan 20:29

Hechos

Y por la fe en su nombre, a este que vosotros veis y conocéis, le ha confirmado su nombre; y la fe que es por Él, ha dado a este esta completa sanidad en presencia de todos vosotros.

—Hechos 3:16

Agradó la propuesta a toda la multitud; y eligieron a Esteban, varón lleno de fe y del Espíritu Santo, a Felipe, a Prócoro, a Nicanor, a Timón, a Parmenas, y a Nicolás prosélito de Antioquía.

—Hechos 6:5

Y crecía la palabra del Señor, y el número de los discípulos se multiplicaba grandemente en Jerusalén; también muchos de los sacerdotes obedecían a la fe.

—Hechos 6:7

Y Esteban, lleno de gracia y de poder, hacía grandes prodigios y señales entre el pueblo.

—Hechos 6:8

Porque era varón bueno, y lleno del Espíritu Santo y de fe. Y una gran multitud fue agregada al Señor.

—Hechos 11:24

Pero les resistía Elimas, el mago (pues así se traduce su nombre), procurando apartar de la fe al procónsul.

—Hechos 13:8

Mirad, oh menospreciadores, y asombraos, y desapareced; porque yo hago una obra en vuestros días, obra que no creeréis, si alguien os la contare.

—Hechos 13:41

Y cierto hombre de Listra estaba sentado, imposibilitado de los pies, cojo de nacimiento, que jamás había andado. Este oyó hablar a Pablo, el cual, fijando en él sus ojos, y viendo que tenía fe para ser sanado, dijo a gran voz: "Levántate derecho sobre tus pies". Y él saltó, y anduvo.

—Hechos 14:8–10

Confirmando los ánimos de los discípulos, exhortándoles a que permaneciesen en la fe, y diciéndoles: "Es necesario que a través de muchas tribulaciones entremos en el reino de Dios".

—Hechos 14:22

Y habiendo llegado, y reunido a la iglesia, refirieron cuán grandes cosas había hecho Dios con ellos, y cómo había abierto la puerta de la fe a los gentiles.

—Hechos 14:27

Y ninguna diferencia hizo entre nosotros y ellos, purificando por la fe sus corazones.

—Hechos 15:9

Así que las iglesias eran confirmadas en la fe, y aumentaban en número cada día.

—Hechos 16:5

Y cuando fue bautizada, y su familia, nos rogó diciendo: "Si habéis juzgado que yo sea fiel al Señor, entrad en mi casa, y posad". Y nos obligó a quedarnos.

—Hechos 16:15

Testificando a judíos y a gentiles acerca del arrepentimiento para con Dios, y de la fe en nuestro Señor Jesucristo.

—Hechos 20:21

Para que abras sus ojos, para que se conviertan de las tinieblas a la luz, y de la potestad de Satanás a Dios; para que reciban, por la fe que es en mí, perdón de pecados y herencia entre los santificados.

—Hechos 26:18

Romanos

Y por quien recibimos la gracia y el apostolado, para la obediencia a la fe en todas las naciones por amor de su nombre.

—Romanos 1:5

Primeramente doy gracias a mi Dios mediante Jesucristo con respecto a todos vosotros, de que vuestra fe se divulga por todo el mundo.

—Romanos 1:8

Esto es, para ser mutuamente confortados por la fe que nos es común a vosotros y a mí.

—Romanos 1:12

Porque en el evangelio la justicia de Dios se revela por fe y para fe, como está escrito: "Mas el justo por la fe vivirá".

—Romanos 1:17

¿Pues qué, si algunos de ellos han sido incrédulos? ¿Su incredulidad habrá hecho nula la fidelidad de Dios?

—Romanos 3:3

La justicia de Dios por medio de la fe en Jesucristo, para todos los que creen en Él. Porque no hay diferencia.

—Romanos 3:22

A quien Dios puso como propiciación por medio de la fe en su sangre, para manifestar su justicia, a causa de haber pasado por alto, en su paciencia, los pecados pasados.

—ROMANOS 3:25

¿Dónde, pues, está la jactancia? Queda excluida. ¿Por cuál ley? ¿Por la de las obras? No, sino por la ley de la fe.

—ROMANOS 3:27

Concluimos, pues, que el hombre es justificado por fe sin las obras de la ley.

—ROMANOS 3:28

Porque Dios es uno, y Él justificará por la fe a los de la circuncisión, y por medio de la fe a los de la incircuncisión.

—ROMANOS 3:30

¿Luego por la fe invalidamos la ley? En ninguna manera, sino que confirmamos la ley.

—ROMANOS 3:31

Mas al que no obra, sino cree en aquel que justifica al impío, su fe le es contada por justicia.

—ROMANOS 4:5

¿Es, pues, esta bienaventuranza solamente para los de la circuncisión, o también para los de la incircuncisión? Porque decimos que a Abraham le fue contada la fe por justicia.

—ROMANOS 4:9

Y recibió la circuncisión como señal, como sello de la justicia de la fe que tuvo estando aún incircunciso; para que fuese padre de todos los creyentes no circuncidados, a fin de que también a ellos la fe les sea contada por justicia.

—ROMANOS 4:11

Y padre de la circuncisión, para los que no solamente son de la circuncisión, sino que también siguen las pisadas de la fe que tuvo nuestro padre Abraham antes de ser circuncidado.

—Romanos 4:12

Porque no por la ley fue dada a Abraham o a su descendencia la promesa de que sería heredero del mundo, sino por la justicia de la fe. Porque si los que son de la ley son los herederos, vana resulta la fe, y anulada la promesa.

—Romanos 4:13–14

Por tanto, es por fe, para que sea por gracia, a fin de que la promesa sea firme para toda su descendencia; no solamente para la que es de la ley, sino también para la que es de la fe de Abraham, el cual es padre de todos nosotros.

—Romanos 4:16

El creyó en esperanza contra esperanza, para llegar a ser padre de muchas gentes, conforme a lo que se le había dicho: "Así será tu descendencia". Y no se debilitó en la fe al considerar su cuerpo, que estaba ya como muerto (siendo de casi cien años, o la esterilidad de la matriz de Sara).

—Romanos 4:18–19

Tampoco dudó, por incredulidad, de la promesa de Dios, sino que se fortaleció en fe, dando gloria a Dios.

—Romanos 4:20

Justificados, pues, por la fe, tenemos paz para con Dios por medio de nuestro Señor Jesucristo; por quien también tenemos entrada por la fe a esta gracia en la cual estamos firmes, y nos gloriamos en la esperanza de la gloria de Dios.

—Romanos 5:1–2

¿Qué, pues, diremos? Que los gentiles, que no iban tras la justicia, han alcanzado la justicia, es decir, la justicia que es por fe.

—ROMANOS 9:30

¿Por qué? Porque iban tras ella no por fe, sino como por obras de la ley, pues tropezaron en la piedra de tropiezo.

—ROMANOS 9:32

Mas ¿qué dice? Cerca de ti está la palabra, en tu boca y en tu corazón. Esta es la palabra de fe que predicamos: que si confesares con tu boca que Jesús es el Señor, y creyeres en tu corazón que Dios le levantó de los muertos, serás salvo.

—ROMANOS 10:8–9

Porque todo aquel que invocare el nombre del Señor, será salvo. ¿Cómo, pues, invocarán a aquel en el cual no han creído? ¿Y cómo creerán en aquel de quien no han oído? ¿Y cómo oirán sin haber quien les predique? ¿Y cómo predicarán si no fueren enviados? Como está escrito: "¡Cuán hermosos son los pies de los que anuncian la paz, de los que anuncian buenas nuevas!".

—ROMANOS 10:13–15

Así que la fe es por el oír, y el oír, por la palabra de Dios.

—ROMANOS 10:17

Bien; por su incredulidad fueron desgajadas, pero tú por la fe estás en pie. No te ensoberbezcas, sino teme.

—ROMANOS 11:20

Digo, pues, por la gracia que me es dada, a cada cual que está entre vosotros, que no tenga más alto concepto de sí que el que debe tener, sino que piense de sí con cordura, conforme a la medida de fe que Dios repartió a cada uno.

—ROMANOS 12:3

De manera que, teniendo diferentes dones, según la gracia que nos es dada, si el de profecía, úsese conforme a la medida de la fe.

—ROMANOS 12:6

Recibid al débil en la fe, pero no para contender sobre opiniones.

—ROMANOS 14:1

¿Tienes tú fe? Tenla para contigo delante de Dios. Bienaventurado el que no se condena a sí mismo en lo que aprueba.

—ROMANOS 14:22

Pero el que duda sobre lo que come, es condenado, porque no lo hace con fe; y todo lo que no proviene de fe, es pecado.

—ROMANOS 14:23

Pero que ha sido manifestado ahora, y que por las Escrituras de los profetas, según el mandamiento del Dios eterno, se ha dado a conocer a todas las gentes para que obedezcan a la fe.

—ROMANOS 16:26

1 Corintios

Fiel es Dios, por el cual fuisteis llamados a la comunión con su Hijo Jesucristo nuestro Señor.

—1 CORINTIOS 1:9

Para que vuestra fe no esté fundada en la sabiduría de los hombres, sino en el poder de Dios.

—1 CORINTIOS 2:5

Ahora bien, se requiere de los administradores, que cada uno sea hallado fiel.

—1 CORINTIOS 4:2

Por esto mismo os he enviado a Timoteo, que es mi hijo amado y fiel en el Señor, el cual os recordará mi proceder en Cristo, de la manera que enseño en todas partes y en todas las iglesias.

—1 Corintios 4:17

En cuanto a las vírgenes no tengo mandamiento del Señor; mas doy mi parecer, como quien ha alcanzado misericordia del Señor para ser fiel.

—1 Corintios 7:25

No os ha sobrevenido ninguna tentación que no sea humana; pero fiel es Dios, que no os dejará ser tentados más de lo que podéis resistir, sino que dará también juntamente con la tentación la salida, para que podáis soportar.

—1 Corintios 10:13

A otro, fe por el mismo Espíritu; y a otro, dones de sanidades por el mismo Espíritu.

—1 Corintios 12:9

Y si tuviese profecía, y entendiese todos los misterios y toda ciencia, y si tuviese toda la fe, de tal manera que trasladase los montes, y no tengo amor, nada soy.

—1 Corintios 13:2

Y ahora permanecen la fe, la esperanza y el amor, estos tres; pero el mayor de ellos es el amor.

—1 Corintios 13:13

Y si Cristo no resucitó, vana es entonces nuestra predicación, vana es también vuestra fe.

—1 Corintios 15:14

Y si Cristo no resucitó, vuestra fe es vana; aún estáis en vuestros pecados.

—1 Corintios 15:17

Velad, estad firmes en la fe; portaos varonilmente, y esforzaos.

—1 Corintios 16:13

2 Corintios

Porque todas las promesas de Dios son en Él Sí, y en Él Amén, por medio de nosotros, para la gloria de Dios.

—2 Corintios 1:20

No que nos enseñoreemos de vuestra fe, sino que colaboramos para vuestro gozo; porque por la fe estáis firmes.

—2 Corintios 1:24

Pero teniendo el mismo espíritu de fe, conforme a lo que está escrito: Creí, por lo cual hablé, nosotros también creemos, por lo cual también hablamos.

—2 Corintios 4:13

Porque por fe andamos, no por vista.

—2 Corintios 5:7

Por tanto, como en todo abundáis, en fe, en palabra, en ciencia, en toda solicitud, y en vuestro amor para con nosotros, abundad también en esta gracia.

—2 Corintios 8:7

Examinaos a vosotros mismos si estáis en la fe; probaos a vosotros mismos. ¿O no os conocéis a vosotros mismos, que Jesucristo está en vosotros, a menos que estéis reprobados?

—2 Corintios 13:5

Gálatas

Solamente oían decir: "Aquel que en otro tiempo nos perseguía, ahora predica la fe que en otro tiempo asolaba".

—GÁLATAS 1:23

Sabiendo que el hombre no es justificado por las obras de la ley, sino por la fe de Jesucristo, nosotros también hemos creído en Jesucristo, para ser justificados por la fe de Cristo y no por las obras de la ley, por cuanto por las obras de la ley nadie será justificado.

—GÁLATAS 2:16

Con Cristo estoy juntamente crucificado, y ya no vivo yo, mas vive Cristo en mí; y lo que ahora vivo en la carne, lo vivo en la fe del Hijo de Dios, el cual me amó y se entregó a sí mismo por mí.

—GÁLATAS 2:20

Esto solo quiero saber de vosotros: ¿Recibisteis el Espíritu por las obras de la ley, o por el oír con fe?

—GÁLATAS 3:2

Aquel, pues, que os suministra el Espíritu, y hace maravillas entre vosotros, ¿lo hace por las obras de la ley, o por el oír con fe?

—GÁLATAS 3:5

Sabed, por tanto, que los que son de fe, éstos son hijos de Abraham.

—GÁLATAS 3:7

Y la Escritura, previendo que Dios había de justificar por la fe a los gentiles, dio de antemano la buena nueva a Abraham, diciendo: "En ti serán benditas todas las naciones".

—GÁLATAS 3:8

De modo que los de la fe son bendecidos con el creyente Abraham.

—Gálatas 3:9

Y que por la ley ninguno se justifica para con Dios, es evidente, porque: El justo por la fe vivirá.

—Gálatas 3:11

Y la ley no es de fe, sino que dice: "El que hiciere estas cosas vivirá por ellas".

—Gálatas 3:12

Para que en Cristo Jesús la bendición de Abraham alcanzase a los gentiles, a fin de que por la fe recibiésemos la promesa del Espíritu.

—Gálatas 3:14

Mas la Escritura lo encerró todo bajo pecado, para que la promesa que es por la fe en Jesucristo fuese dada a los creyentes.

—Gálatas 3:22

Pero antes que viniese la fe, estábamos confinados bajo la ley, encerrados para aquella fe que iba a ser revelada.

—Gálatas 3:23

De manera que la ley ha sido nuestro ayo, para llevarnos a Cristo, a fin de que fuésemos justificados por la fe.

—Gálatas 3:24

Pero venida la fe, ya no estamos bajo ayo.

—Gálatas 3:25

Pues todos sois hijos de Dios por la fe en Cristo Jesús.

—Gálatas 3:26

Pues nosotros por el Espíritu aguardamos por fe la esperanza de la justicia.

—GÁLATAS 5:5

Porque en Cristo Jesús ni la circuncisión vale algo, ni la incircuncisión, sino la fe que obra por el amor.

—GÁLATAS 5:6

Mas el fruto del Espíritu es amor, gozo, paz, paciencia, benignidad, bondad, fe.

—GÁLATAS 5:22

Así que, según tengamos oportunidad, hagamos bien a todos, y mayormente a los de la familia de la fe.

—GÁLATAS 6:10

Efesios

Por esta causa también yo, habiendo oído de vuestra fe en el Señor Jesús, y de vuestro amor para con todos los santos.

—EFESIOS 1:15

Porque por gracia sois salvos por medio de la fe; y esto no de vosotros, pues es don de Dios.

—EFESIOS 2:8

En quien tenemos seguridad y acceso con confianza por medio de la fe en Él.

—EFESIOS 3:12

Para que habite Cristo por la fe en vuestros corazones, a fin de que, arraigados y cimentados en amor.

—EFESIOS 3:17

Hasta que todos lleguemos a la unidad de la fe y del conocimiento del Hijo de Dios, a un varón perfecto, a la medida de la estatura de la plenitud de Cristo.

—Efesios 4:13

Un Señor, una fe, un bautismo.

—Efesios 4:5

Sobre todo, tomad el escudo de la fe, con que podáis apagar todos los dardos de fuego del maligno.

—Efesios 6:16

Filipenses

Y confiado en esto, sé que quedaré, que aún permaneceré con todos vosotros, para vuestro provecho y gozo de la fe.

—Filipenses 1:25

Solamente que os comportéis como es digno del evangelio de Cristo, para que o sea que vaya a veros, o que esté ausente, oiga de vosotros que estáis firmes en un mismo espíritu, combatiendo unánimes por la fe del evangelio.

—Filipenses 1:27

Y aunque sea derramado en libación sobre el sacrificio y servicio de vuestra fe, me gozo y regocijo con todos vosotros.

—Filipenses 2:17

Y ser hallado en él, no teniendo mi propia justicia, que es por la ley, sino la que es por la fe de Cristo, la justicia que es de Dios por la fe.

—Filipenses 3:9

Colosenses

A los santos y fieles hermanos en Cristo que están en Colosas: "Gracia y paz sean a vosotros, de Dios nuestro Padre y del Señor Jesucristo".

—Colosenses 1:2

Habiendo oído de vuestra fe en Cristo Jesús, y del amor que tenéis a todos los santos.

—Colosenses 1:4

Como lo habéis aprendido de Epafras, nuestro consiervo amado, que es un fiel ministro de Cristo para vosotros.

—Colosenses 1:7

Si en verdad permanecéis fundados y firmes en la fe, y sin moveros de la esperanza del evangelio que habéis oído, el cual se predica en toda la creación que está debajo del cielo; del cual yo Pablo fui hecho ministro.

—Colosenses 1:23

Porque aunque estoy ausente en cuerpo, no obstante en espíritu estoy con vosotros, gozándome y mirando vuestro buen orden y la firmeza de vuestra fe en Cristo.

—Colosenses 2:5

Por tanto, de la manera que habéis recibido al Señor Jesucristo, andad en Él; arraigados y sobreedificados en Él, y confirmados en la fe, así como habéis sido enseñados, abundando en acciones de gracias.

—Colosenses 2:6–7

También fuisteis [...] sepultados con Él en el bautismo, en el cual fuisteis también resucitados con Él, mediante la fe en el poder de Dios que le levantó de los muertos.

—Colosenses 2:11–12

Todo lo que a mí se refiere, os lo hará saber Tíquico, amado hermano y fiel ministro y consiervo en el Señor.

—Colosenses 4:7

Con Onésimo, amado y fiel hermano, que es uno de vosotros. Todo lo que acá pasa, os lo harán saber.

—Colosenses 4:9

1 Tesalonicenses

Acordándonos sin cesar delante del Dios y Padre nuestro de la obra de vuestra fe, del trabajo de vuestro amor y de vuestra constancia en la esperanza en nuestro Señor Jesucristo.

—1 Tesalonicenses 1:3

Porque partiendo de vosotros ha sido divulgada la palabra del Señor, no solo en Macedonia y Acaya, sino que también en todo lugar vuestra fe en Dios se ha extendido, de modo que nosotros no tenemos necesidad de hablar nada.

—1 Tesalonicenses 1:8

Por lo cual también nosotros sin cesar damos gracias a Dios, de que cuando recibisteis la palabra de Dios que oísteis de nosotros, la recibisteis no como palabra de hombres, sino según es en verdad, la palabra de Dios, la cual actúa en vosotros los creyentes.

—1 Tesalonicenses 2:13

Enviamos a Timoteo nuestro hermano, servidor de Dios y colaborador nuestro en el evangelio de Cristo, para confirmaros y exhortaros respecto a vuestra fe.

—1 Tesalonicenses 3:2

Por lo cual también yo, no pudiendo soportar más, envié para informarme de vuestra fe, no sea que os hubiese tentado el tentador, y que nuestro trabajo resultase en vano.

—1 Tesalonicenses 3:5

Pero cuando Timoteo volvió de vosotros a nosotros, y nos dio buenas noticias de vuestra fe y amor, y que siempre nos recordáis con cariño, deseando vernos, como también nosotros a vosotros.

—1 Tesalonicenses 3:6

Por lo tanto, hermanos, durante todas nuestras aflicciones y angustia, hemos sido animados por vuestra fe.

—1 Tesalonicenses 3:7

¿...orando de noche y de día con gran insistencia, para que veamos vuestro rostro, y completemos lo que falte a vuestra fe?

—1 Tesalonicenses 3:10

Pero nosotros, que somos del día, seamos sobrios, habiéndonos vestido con la coraza de fe y de amor, y con la esperanza de salvación como yelmo.

—1 Tesalonicenses 5:8

Fiel es el que os llama, el cual también lo hará.

—1 Tesalonicenses 5:24

2 Tesalonicenses

Debemos siempre dar gracias a Dios por vosotros, hermanos, como es digno, por cuanto vuestra fe va creciendo, y el amor de todos y cada uno de vosotros abunda para con los demás.

—2 Tesalonicenses 1:3

Tanto, que nosotros mismos nos gloriamos de vosotros en las iglesias de Dios, por vuestra paciencia y fe en todas vuestras persecuciones y tribulaciones que soportáis.

—2 Tesalonicenses 1:4

Por lo cual asimismo oramos siempre por vosotros, para que nuestro Dios os tenga por dignos de su llamamiento, y cumpla todo propósito de bondad y toda obra de fe con su poder.

—2 Tesalonicenses 1:11

Y para que seamos librados de hombres perversos y malos; porque no es de todos la fe.

—2 Tesalonicenses 3:2

Pero fiel es el Señor, que os afirmará y guardará del mal.

—2 Tesalonicenses 3:3

1 Timoteo

A Timoteo, verdadero hijo en la fe: "Gracia, misericordia y paz, de Dios nuestro Padre y de Cristo Jesús nuestro Señor".

—1 Timoteo 1:2

Ni presten atención a fábulas y genealogías interminables, que acarrean disputas más bien que edificación de Dios que es por fe, así te encargo ahora.

—1 Timoteo 1:4

Pues el propósito de este mandamiento es el amor nacido de corazón limpio, y de buena conciencia, y de fe no fingida.

—1 Timoteo 1:5

Doy gracias al que me fortaleció, a Cristo Jesús nuestro Señor, porque me tuvo por fiel, poniéndome en el ministerio.

—1 Timoteo 1:12

Pero la gracia de nuestro Señor fue más abundante con la fe y el amor que es en Cristo Jesús.

—1 Timoteo 1:14

Manteniendo la fe y buena conciencia, desechando la cual naufragaron en cuanto a la fe algunos.

—1 Timoteo 1:19

Para esto yo fui constituido predicador y apóstol (digo verdad en Cristo, no miento), y maestro de los gentiles en fe y verdad.

—1 Timoteo 2:7

Pero se salvará engendrando hijos, si permaneciere en fe, amor y santificación, con modestia.

—1 Timoteo 2:15

Guarden el misterio de la fe con limpia conciencia.

—1 Timoteo 3:9

Porque los que ejerzan bien el diaconado, ganan para sí un grado honroso, y mucha confianza en la fe que es en Cristo Jesús.

—1 Timoteo 3:13

Pero el Espíritu dice claramente que en los postreros tiempos algunos apostatarán de la fe, escuchando a espíritus engañadores y a doctrinas de demonios.

—1 Timoteo 4:1

Si esto enseñas a los hermanos, serás buen ministro de Jesucristo, nutrido con las palabras de la fe y de la buena doctrina que has seguido.

—1 Timoteo 4:6

Ninguno tenga en poco tu juventud, sino sé ejemplo de los creyentes en palabra, conducta, amor, espíritu, fe y pureza.

—1 Timoteo 4:12

Porque si alguno no provee para los suyos, y mayormente para los de su casa, ha negado la fe, y es peor que un incrédulo.

—1 Timoteo 5:8

Incurriendo así en condenación, por haber quebrantado su primera fe.

—1 Timoteo 5:12

Porque raíz de todos los males es el amor al dinero, el cual codiciando algunos, se extraviaron de la fe, y fueron traspasados de muchos dolores.

—1 Timoteo 6:10

Mas tú, oh hombre de Dios, huye de estas cosas, y sigue la justicia, la piedad, la fe, el amor, la paciencia, la mansedumbre.

—1 Timoteo 6:11

Pelea la buena batalla de la fe, echa mano de la vida eterna, a la cual asimismo fuiste llamado, habiendo hecho la buena profesión delante de muchos testigos.

—1 Timoteo 6:12

La cual profesando algunos, se desviaron de la fe. La gracia sea contigo. Amén.

—1 Timoteo 6:21

2 Timoteo

Trayendo a la memoria la fe no fingida que hay en ti, la cual habitó primero en tu abuela Loida, y en tu madre Eunice, y estoy seguro que en ti también.

—2 Timoteo 1:5

Retén la forma de las sanas palabras que de mí oíste, en la fe y amor que es en Cristo Jesús.

—2 Timoteo 1:13

Lo que has oído de mí ante muchos testigos, esto encarga a hombres fieles que sean idóneos para enseñar también a otros.

—2 Timoteo 2:2

Si fuéremos infieles, Él permanece fiel; Él no puede negarse a sí mismo.

—2 Timoteo 2:13

[Aunque algunos] se desviaron de la verdad, diciendo que la resurrección ya se efectuó, y trastornan la fe de algunos.

—2 Timoteo 2:18

Huye también de las pasiones juveniles, y sigue la justicia, la fe, el amor y la paz, con los que de corazón limpio invocan al Señor.

—2 Timoteo 2:22

Y de la manera que Janes y Jambres resistieron a Moisés, así también estos resisten a la verdad; hombres corruptos de entendimiento, réprobos en cuanto a la fe.

—2 Timoteo 3:8

Pero tú has seguido mi doctrina, conducta, propósito, fe, longanimidad, amor, paciencia.

—2 Timoteo 3:10

Y que desde la niñez has sabido las Sagradas Escrituras, las cuales te pueden hacer sabio para la salvación por la fe que es en Cristo Jesús.

—2 Timoteo 3:15

Tito

Pablo, siervo de Dios y apóstol de Jesucristo, conforme a la fe de los escogidos de Dios y el conocimiento de la verdad que es según la piedad.

—Tito 1:1

A Tito, verdadero hijo en la común fe:
Gracia, misericordia y paz, de Dios Padre y del Señor Jesucristo nuestro Salvador.

—Tito 1:4

...[que sea] retenedor de la palabra fiel tal como ha sido enseñada, para que también pueda exhortar con sana enseñanza y convencer a los que contradicen.

—Tito 1:9

Este testimonio es verdadero; por tanto, repréndelos duramente, para que sean sanos en la fe.

—Tito 1:13

Que los ancianos sean sobrios, serios, prudentes, sanos en la fe, en el amor, en la paciencia.

—Tito 2:2

Filemón

Oigo del amor y de la fe que tienes hacia el Señor Jesús, y para con todos los santos.

—Filemón 1:5

Para que la participación de tu fe sea eficaz en el conocimiento de todo el bien que está en vosotros por Cristo Jesús.

—FILEMÓN 1:6

Hebreos

Mirad, hermanos, que no haya en ninguno de vosotros corazón malo de incredulidad para apartarse del Dios vivo.

—HEBREOS 3:12

Y vemos que no pudieron entrar a causa de incredulidad.

—HEBREOS 3:19

Porque también a nosotros se nos ha anunciado la buena nueva como a ellos; pero no les aprovechó el oír la palabra, por no ir acompañada de fe en los que la oyeron. Pero los que hemos creído entramos en el reposo, de la manera que dijo.

—HEBREOS 4:2–3

Procuremos, pues, entrar en aquel reposo, para que ninguno caiga en semejante ejemplo de desobediencia.

—HEBREOS 4:11

A fin de que no os hagáis perezosos, sino imitadores de aquellos que por la fe y la paciencia heredan las promesas.

—HEBREOS 6:12

Acerquémonos con corazón sincero, en plena certidumbre de fe, purificados los corazones de mala conciencia, y lavados los cuerpos con agua pura.

—HEBREOS 10:22

Mas el justo vivirá por fe; y si retrocediere, no agradará a mi alma. Pero nosotros no somos de los que retroceden para perdición, sino de los que tienen fe para preservación del alma.

—Hebreos 10:38–39

Es, pues, la fe la certeza de lo que se espera, la convicción de lo que no se ve.

—Hebreos 11:1

Por la fe entendemos haber sido constituido el universo por la Palabra de Dios, de modo que lo que se ve fue hecho de lo que no se veía.

—Hebreos 11:3

Por la fe Abel ofreció a Dios más excelente sacrificio que Caín, por lo cual alcanzó testimonio de que era justo, dando Dios testimonio de sus ofrendas; y muerto, aún habla por ella.

—Hebreos 11:4

Por la fe Enoc fue traspuesto para no ver muerte, y no fue hallado, porque lo traspuso Dios; y antes que fuese traspuesto, tuvo testimonio de haber agradado a Dios.

—Hebreos 11:5

Pero sin fe es imposible agradar a Dios; porque es necesario que el que se acerca a Dios crea que le hay, y que es galardonador de los que le buscan.

—Hebreos 11:6

Por la fe Noé, cuando fue advertido por Dios acerca de cosas que aún no se veían, con temor preparó el arca en que su casa se salvase; y por esa fe condenó al mundo, y fue hecho heredero de la justicia que viene por la fe.

—Hebreos 11:7

Por la fe Abraham, siendo llamado, obedeció para salir al lugar que había de recibir como herencia; y salió sin saber a dónde iba.

—Hebreos 11:8

Por la fe habitó como extranjero en la tierra prometida como en tierra ajena, morando en tiendas con Isaac y Jacob, coherederos de la misma promesa.

—Hebreos 11:9

Por la fe también la misma Sara, siendo estéril, recibió fuerza para concebir; y dio a luz aun fuera del tiempo de la edad, porque creyó que era fiel quien lo había prometido.

—Hebreos 11:11

Conforme a la fe murieron todos éstos sin haber recibido lo prometido, sino mirándolo de lejos, y creyéndolo, y saludándolo, y confesando que eran extranjeros y peregrinos sobre la tierra.

—Hebreos 11:13

Por la fe Abraham, cuando fue probado, ofreció a Isaac; y el que había recibido las promesas ofrecía su unigénito.

—Hebreos 11:17

Por la fe bendijo Isaac a Jacob y a Esaú respecto a cosas venideras.

—Hebreos 11:20

Por la fe Jacob, al morir, bendijo a cada uno de los hijos de José, y adoró apoyado sobre el extremo de su bordón.

—Hebreos 11:21

Por la fe José, al morir, mencionó la salida de los hijos de Israel, y dio mandamiento acerca de sus huesos.

—Hebreos 11:22

Por la fe Moisés, hecho ya grande, rehusó llamarse hijo de la hija de Faraón.

—Hebreos 11:24

Por la fe Moisés, cuando nació, fue escondido por sus padres por tres meses, porque le vieron niño hermoso, y no temieron el decreto del rey.

—Hebreos 11:23

Por la fe dejó a Egipto, no temiendo la ira del rey; porque se sostuvo como viendo al Invisible.

—Hebreos 11:27

Por la fe celebró la pascua y la aspersión de la sangre, para que el que destruía a los primogénitos no los tocase a ellos.

—Hebreos 11:28

Por la fe pasaron el Mar Rojo como por tierra seca; e intentando los egipcios hacer lo mismo, fueron ahogados.

—Hebreos 11:29

Por la fe cayeron los muros de Jericó después de rodearlos siete días.

—Hebreos 11:30

Por la fe Rahab la ramera no pereció juntamente con los desobedientes, habiendo recibido a los espías en paz.

—Hebreos 11:31

¿Y qué más digo? Porque el tiempo me faltaría contando de Gedeón, de Barac, de Sansón, de Jefté, de David, así como de Samuel y de los profetas; que por fe conquistaron reinos, hicieron justicia, alcanzaron promesas, taparon bocas de leones.

—Hebreos 11:32–33

Y todos éstos, aunque alcanzaron buen testimonio mediante la fe, no recibieron lo prometido.

—HEBREOS 11:39

Puestos los ojos en Jesús, el autor y consumador de la fe, el cual por el gozo puesto delante de Él sufrió la cruz, menospreciando el oprobio, y se sentó a la diestra del trono de Dios.

—HEBREOS 12:2

Acordaos de vuestros pastores, que os hablaron la palabra de Dios; considerad cuál haya sido el resultado de su conducta, e imitad su fe.

—HEBREOS 13:7

Santiago

Sabiendo que la prueba de vuestra fe produce paciencia.

—SANTIAGO 1:3

Pero pida con fe, no dudando nada; porque el que duda es semejante a la onda del mar, que es arrastrada por el viento y echada de una parte a otra.

—SANTIAGO 1:6

Hermanos míos, que vuestra fe en nuestro glorioso Señor Jesucristo sea sin acepción de personas.

—SANTIAGO 2:1

Hermanos míos amados, oíd: ¿No ha elegido Dios a los pobres de este mundo, para que sean ricos en fe y herederos del reino que ha prometido a los que le aman?

—SANTIAGO 2:5

Hermanos míos, ¿de qué aprovechará si alguno dice que tiene fe, y no tiene obras? ¿Podrá la fe salvarle?

—Santiago 2:14

Así también la fe, si no tiene obras, es muerta en sí misma.

—Santiago 2:17

Pero alguno dirá: "Tú tienes fe, y yo tengo obras". Muéstrame tu fe sin tus obras, y yo te mostraré mi fe por mis obras.

—Santiago 2:18

¿Mas quieres saber, hombre vano, que la fe sin obras es muerta?

—Santiago 2:20

¿No ves que la fe actuó juntamente con sus obras, y que la fe se perfeccionó por las obras? Y se cumplió la Escritura que dice: "Abraham creyó a Dios, y le fue contado por justicia, y fue llamado amigo de Dios". Vosotros veis, pues, que el hombre es justificado por las obras, y no solamente por la fe.

—Santiago 2:22–24

Porque como el cuerpo sin espíritu está muerto, así también la fe sin obras está muerta.

—Santiago 2:26

Y la oración de fe salvará al enfermo, y el Señor lo levantará; y si hubiere cometido pecados, le serán perdonados.

—Santiago 5:15

1 Pedro

Que sois guardados por el poder de Dios mediante la fe, para alcanzar la salvación que está preparada para ser manifestada en el tiempo postrero.

—1 Pedro 1:5

Para que sometida a prueba vuestra fe, mucho más preciosa que el oro, el cual aunque perecedero se prueba con fuego, sea hallada en alabanza, gloria y honra cuando sea manifestado Jesucristo.

—1 Pedro 1:7

Obteniendo el fin de vuestra fe, que es la salvación de vuestras almas.

—1 Pedro 1:9

Y mediante el cual creéis en Dios, quien le resucitó de los muertos y le ha dado gloria, para que vuestra fe y esperanza sean en Dios.

—1 Pedro 1:21

De modo que los que padecen según la voluntad de Dios, encomienden sus almas al fiel Creador, y hagan el bien.

—1 Pedro 4:19

Resistid firmes en la fe, sabiendo que los mismos padecimientos se van cumpliendo en vuestros hermanos en todo el mundo.

—1 Pedro 5:9

2 Pedro

Simón Pedro, siervo y apóstol de Jesucristo, a los que habéis alcanzado, por la justicia de nuestro Dios y Salvador Jesucristo, una fe igualmente preciosa que la nuestra.

—2 Pedro 1:1

Vosotros también, poniendo toda diligencia por esto mismo, añadid a vuestra fe virtud; a la virtud, conocimiento.

—2 Pedro 1:5

1 Juan

Porque todo lo que es nacido de Dios vence al mundo; y esta es la victoria que ha vencido al mundo, nuestra fe. ¿Quién es el que vence al mundo, sino el que cree que Jesús es el Hijo de Dios?

—1 JUAN 5:4–5

Judas

Amados, por la gran solicitud que tenía de escribiros acerca de nuestra común salvación, me ha sido necesario escribiros exhortándoos que contendáis ardientemente por la fe que ha sido una vez dada a los santos.

—JUDAS 3

Pero vosotros, amados, edificándoos sobre vuestra santísima fe, orando en el Espíritu Santo.

—JUDAS 20

Apocalipsis

Yo conozco tus obras, y amor, y fe, y servicio, y tu paciencia, y que tus obras postreras son más que las primeras.

—APOCALIPSIS 2:19

"Si alguno lleva en cautividad, va en cautividad; si alguno mata a espada, a espada debe ser muerto". Aquí está la paciencia y la fe de los santos.

—APOCALIPSIS 13:10

Aquí está la paciencia de los santos, los que guardan los mandamientos de Dios y la fe de Jesús.

—APOCALIPSIS 14:12

Pelearán contra el Cordero, y el Cordero los vencerá, porque Él es Señor de señores y Rey de reyes; y los que están con Él son llamados y elegidos y fieles.

—APOCALIPSIS 17:14

PARTE II

ESCRITURAS DE
LIBERACIÓN

4

LA LIBERACIÓN ES UN DON DE DIOS

La liberación es un don de Dios, y forma parte de la bendición de mantener una alianza con Él. Esta solo destruye lo que es del diablo, y nunca lo que es del Espíritu Santo. Puesto que la liberación es obra del Espíritu Santo, edifica a los santos y edifica a la Iglesia. Destruye las fortalezas del enemigo, pero edifica la obra de Dios.

Personalmente, creo de todo corazón en el ministerio de la liberación. He visto muchos milagros y miles de personas que han sido liberadas alrededor del mundo. Cada vez que lo hago, doy gracias a Dios por su gracia y su misericordia. Aún estoy aprendiendo sobre este ministerio, y he decidido creer que veré muchos otros milagros en los años venideros.

La liberación en la Palabra

En las Escrituras hay numerosos pasajes que tratan el tema de la liberación, y que muestran la gran importancia que la Palabra de Dios le da a este tema. Las siguientes palabras griegas y hebreas forman parte de la terminología del ministerio de liberación:

TERMINOLOGÍA DEL MINISTERIO DE LIBERACIÓN		
Español	**Hebreo**	**Griego**
Atadura	*Ecar.* "Voto, juramento vinculante, obligación"[1] (ver Nm. 30:2).	*Deo.* Atadura legal, atado; desatar, desatado (ver Mt. 18:18). Prohibir, declarar algo como ilegal bajo la imposición de una prohibición. También se utiliza cuando se habla de la oración, de la intercesión o de la guerra espiritual[2] (ver Mt. 12:29). *Desmeuo.* Atar una carga pesada sobre los hombros para llevarla sin ayuda; atar a alguien en prisión con cadenas pesadas[3] (ver Mt. 23:4; Hch. 22:4). *Desmeo.* Amarrar, atar con cadenas y grillos[4] (ver Lc. 8:29).
Arrojar, expulsar, expeler, echar	*Garash.* "Desterrar, hacer errante, echar, arrojar, expulsar, echar fuera, divorciar, expeler"[5] (ver Gn. 4:14, NVI; Gn. 21:10; 1 S. 26:19; 1 Cr. 17:21, NVI).	*Ekballo.* Echar fuera demonios[6] (ver Mr. 16:17; Mr. 1:34; Lc. 4:41).
Liberar	*Natsal.* (Sal. 22:8; 25:20). Llevarse algo o arrebatarlo, como despojar de riquezas o un botín (ver 2 Cr. 20:25). Despojar o arruinar (ver Éx. 3:22). Preservar y defender (ver Éx. 14:14). Escapar como lo hace un esclavo y encontrar refugio donde no hay extradición (ver Dt. 23:15–16).[7] *Chalats.* (Pr. 11:8). Ser liberado o sacado de los problemas y de la muerte; retirar o sacar algo.[8]	*Rhyomai.* Librarse de algo, ser rescatado, entregar; ser liberado[9] (ver Mt. 6:13; Ro. 7:24; Col. 1:13).

Español	Hebreo	Griego
Liberador	*Palat.* (Sal. 40:17). "Escabullirnos o escapar".[10] Describe a Aquel que nos moldea con su unción para que podamos escapar; el Señor, nuestro gran Liberador (Sal. 18:2).	*Lytrotes.* "Redentor, rescatador, libertador"[11] (Hch. 7:35). *Rhyomai.* Libertador, refiriéndose a Cristo[12] (Ro. 11:26); ver también "liberar".
Diabólico, demoníaco, maligno	*No se encontró equivalente hebreo*	*Daimoniodes.* (Stg. 3:15). Parecido o procedente de un espíritu maligno, similar a un demonio.[13]
Dominio	*Radah.* "Señorear, tener dominio, pisotear; subyugar"[14] (Gn. 1:26–28; Jue. 5:13). *Mashal.* Señorear o reinar; tener dominio, ejercer poder[15] (Sal. 8:6).	*Kyrieuo.* Enseñorear, dominar, tener dominio; ejercer influencia, tener poder sobre algo"[16] (Ro. 6:9, 14).
Puerta	*Pethach.* Abrir, puerta, entrada, una puerta que se abre y deja salir a los cautivos de la cárcel[17] (Sal. 24:7; Is. 14:17).	*Thyra.* Puerta, portón, "Aquel que trae salvación a los que siguen su guía"[18] (Jn. 10:7, 9; Ap. 3:17–20).
Libertad, inmunidad	*Derowr.* "Fluir, salir libre, libertad"[19] (Is. 61:1).	*Afesis.* "Liberación de la esclavitud o de la cárcel; perdón, o perdón de los pecados".[20] Jesucristo mismo irradió la gloria de su Padre para liberar a los cautivos y traer libertad a los oprimidos (Lc. 4:18, Jn. 1:4–5, 14). Jesús quería que sus seguidores brillaran con la luz de su gloria para traer libertad al pueblo y pudieran así dar gloria al Padre (Mt. 5:14–16).

Español	Hebreo	Griego
Soltar	*Pathach.* "Abrir; ser abierto, quedar suelto, exponer; liberar; soltar"[21] (Sal. 102:20).	*Lyo.* Soltar, desatar; declarar ilegal, admisible; anular, abrogar. Poner fin legalmente a algo que era prohibido (Mt. 16:19; 18:18); conceder la libertad; descargar; liberar; deshacer o romper cadenas pesadas; liberar.[22] Hacer que el poder del pecado, de la enfermedad y de Satanás sean nulos y vacíos (Lc. 13:15–16).
Oprimido	*Ashaq.* "Presionar, oprimir, violar, defraudar, violentar, engañar, extorsionar"[23] (Dt. 28:29).	*Katadynasteuo.* "Ejercer un fuerte control sobre alguien, usar el poder de uno contra otro"[24] (Hch. 10:38).
Poseído	*No se encontró equivalente hebreo*	*Daimonizomai.* "Estar bajo el poder de un demonio o endemoniado"[25] (Mr. 1:32).
Satanás, diablo	*Satan.* Acusador, opositor, enemigo, adversario, enemigo del hombre, calumniador (Zac. 3:2).[26]	*Diabolos.* Adversario que lanza fuertes disparos (Mt. 4:1, Ef. 6:16); enemigo, perseguidor, asesino, calumniador, crítico y mentiroso[27] (Jn. 10:10).
Salvador, salvación; también liberación, libertad, sanidad	*Yasha.* Tener suficiente espacio donde refugiarse y suministros de apoyo después de haber sido liberados del peligro.[28] *Yasha* se utiliza más de cien veces en el Antiguo Testamento, incluyendo: Sal. 34:6; Is. 12:2; 49:26; 52:12–13.	*Sozo.* "Salvar, guardar sano y salvo, rescatar del peligro o de la destrucción; salvar al que sufre (de perecer), sanar, restaurar la salud; preservar a quien está en peligro de destrucción, salvar o rescatar"[29] (Mt. 18:11).

Español	Hebreo	Griego
Enojarse	*Ra'a.* "Ser malo, ser maligno, ser perjudicial; ser malvado, dañar; estar dañado" [30] (Nm. 20:15). *Dachaq.* "Empujar, oprimir, aglomerar" [31] (Jue. 2:18; Jl. 2:8).	*Ochleo.* "Incitar a una multitud contra otro; perturbar; tener problemas, ser molestado; ser perturbado por los demonios" [32] (Lc. 6:18). *Kataponeo.* Desgastarse, "fatigarse, agotarse de tanto trabajo, [y entonces] afligir u oprimir con maldad; causar problemas; tratar mal" [33] (2 P. 2:7).

Dios ungió con el Espíritu Santo y con poder a Jesús de Nazaret, y como este anduvo haciendo bienes y sanando a todos los oprimidos por el diablo, porque Dios estaba con él.

—Hechos 10:38

Expulsemos al enemigo a través de la liberación

Dios le pidió a Israel que expulsara a las naciones de Canaán y poseyera la tierra. Este mandato era un modelo del ministerio de Cristo de expulsar demonios, el cual Él comisionó practicar a sus discípulos. La escasez de liberación le permite al enemigo operar en la vida de los creyentes sin interferencias.

La liberación es el pan de los niños (ver Mt. 15:26). Los creyentes deben recibir la liberación y aceptar el ministerio de liberación.

Existen varios espíritus de los cuales las personas necesitan ser liberadas, algunos de estos son:

- Adicción
- Amargura
- Brujería
- Confusión
- Control mental

- Indisposición a perdonar
- Lujuria
- Miedo
- Orgullo
- Pobreza

- Culpa
- Daño
- Depresión
- Desánimo
- Enfado
- Enfermedad

- Rebelión
- Rechazo
- Soledad
- Tristeza
- Vergüenza

Los demonios pueden apoderarse de diversos aspectos de nuestro ser: la mente, las emociones, la voluntad, el apetito, el cuerpo y el carácter sexual. Pueden además morar en diferentes áreas del cuerpo, incluyendo el estómago, el pecho, la espalda, la cabeza, los ojos, las glándulas, los hombros y hasta los órganos. Pueden incluso moverse a través de las vías respiratorias del cuerpo. La palabra griega utilizada para *espíritu* es *pneuma*, que significa aliento, viento o aire.

En esta sección nos podremos conectar con todos los versículos que nos ayudan a ser liberados del enemigo y de todas las formas de opresión existentes.

5

LA LIBERACIÓN EN EL ANTIGUO TESTAMENTO

La liberación en el Antiguo Testamento se manifiesta principalmente cada vez que Dios libera a los israelitas de sus enemigos físicos. A través de guerras y batallas, podemos ver a los israelitas conquistando la tierra que Dios les prometió. En muchas ocasiones fueron inferiores en número, estaban desanimados o aturdidos, pero Dios siempre les hizo saber que la batalla no era de ellos, sino suya. Envió a sus ángeles delante de ellos y entregó a sus enemigos en sus manos.

En el libro de los Salmos se observa un cuadro más íntimo de la liberación a través de uno de los elegidos de Dios: David, quien finalmente se convirtió en rey de Israel. David no reprimía sus gemidos y ruegos al Señor. Él es un ejemplo de lo que significa sentirse desesperado y con una necesidad urgente de liberación. David fue llamado "varón conforme al corazón de Dios". Demostró lo que es saber de dónde proviene nuestra ayuda. A través de la vida de David podemos aprender que una de las claves para la liberación es la adoración. Incluso habiendo cometido graves errores, nunca olvidó que Dios era su fuente y autoridad suprema.

El Antiguo Testamento nos muestra cómo es la liberación física. Nos da un modelo de la liberación espiritual de los enemigos espirituales que ahora experimentamos como parte del nuevo pacto en Cristo.

Génesis

Entonces Melquisedec, rey de Salem y sacerdote del Dios Altísimo, sacó pan y vino; y le bendijo, diciendo: Bendito sea Abram del Dios Altísimo, creador de los cielos y de la tierra; y bendito sea el Dios Altísimo, que entregó tus enemigos en tu mano. Y le dio Abram los diezmos de todo.

—Génesis 14:18–20

Y al rayar el alba, los ángeles daban prisa a Lot, diciendo: "Levántate, toma tu mujer, y tus dos hijas que se hallan aquí, para que no perezcas en el castigo de la ciudad".

—Génesis 19:15

Así, cuando destruyó Dios las ciudades de la llanura, Dios se acordó de Abraham, y envió fuera a Lot de en medio de la destrucción, al asolar las ciudades donde Lot estaba.

—Génesis 19:29

Líbrame ahora de la mano de mi hermano, de la mano de Esaú, porque le temo; no venga acaso y me hiera la madre con los hijos.

—Génesis 32:11

Cuando Rubén oyó esto, lo libró de sus manos, y dijo: "No lo matemos".

—Génesis 37:21

Y Dios me envió delante de vosotros, para preservaros posteridad sobre la tierra, y para daros vida por medio de gran liberación.

—Génesis 45:7

Y José dijo a sus hermanos: "Yo voy a morir; mas Dios ciertamente os visitará, y os hará subir de esta tierra a la tierra que juró a Abraham, a Isaac y a Jacob".

—Génesis 50:24

Judá, te alabarán tus hermanos; tu mano en la cerviz de tus enemigos; los hijos de tu padre se inclinarán a ti.

—Génesis 49:8

Y José dijo a sus hermanos: "Yo voy a morir; mas Dios ciertamente os visitará, y os hará subir de esta tierra a la tierra que juró a Abraham, a Isaac y a Jacob".

—Génesis 50:24

Éxodo

Amargaron su vida con dura servidumbre, en hacer barro y ladrillo, y en toda labor del campo y en todo su servicio, al cual los obligaban con rigor.

—Éxodo 1:14

Aconteció que después de muchos días murió el rey de Egipto, y los hijos de Israel gemían a causa de la servidumbre, y clamaron; y subió a Dios el clamor de ellos con motivo de su servidumbre.

—Éxodo 2:23

He descendido para librarlos de mano de los egipcios, y sacarlos de aquella tierra a una tierra buena y ancha, a tierra que fluye leche y miel, a los lugares del cananeo, del heteo, del amorreo, del ferezeo, del heveo y del jebuseo.

—Éxodo 3:8

He dicho: "Yo os sacaré de la aflicción de Egipto a la tierra del cananeo, del heteo, del amorreo, del ferezeo, del heveo y del jebuseo, a una tierra que fluye leche y miel".

—Éxodo 3:17

Asimismo yo he oído el gemido de los hijos de Israel, a quienes hacen servir los egipcios, y me he acordado de mi pacto. Por tanto, dirás a los hijos de Israel: "Yo soy Jehová; y yo os sacaré de debajo de las tareas pesadas de Egipto, y os libraré de su servidumbre, y os redimiré con brazo extendido, y con juicios grandes; y os tomaré por mi pueblo y seré vuestro Dios; y vosotros sabréis que yo soy Jehová vuestro Dios, que os sacó de debajo de las tareas pesadas de Egipto".

—Éxodo 6:5–7

Y yo pondré redención entre mi pueblo y el tuyo. Mañana será esta señal.

—Éxodo 8:23

Tomad un manojo de hisopo, y mojadlo en la sangre que estará en un lebrillo, y untad el dintel y los dos postes con la sangre que estará en el lebrillo; y ninguno de vosotros salga de las puertas de su casa hasta la mañana. Porque Jehová pasará hiriendo a los egipcios; y cuando vea la sangre en el dintel y en los dos postes, pasará Jehová aquella puerta, y no dejará entrar al heridor en vuestras casas para herir.

—Éxodo 12:22–23

Vosotros responderéis: "Es la víctima de la pascua de Jehová, el cual pasó por encima de las casas de los hijos de Israel en Egipto, cuando hirió a los egipcios, y libró nuestras casas". Entonces el pueblo se inclinó y adoró.

—Éxodo 12:27

Y tú alza tu vara, y extiende tu mano sobre el mar, y divídelo, y entren los hijos de Israel por en medio del mar, en seco.

—Éxodo 14:16

Jehová peleará por vosotros, y vosotros estaréis tranquilos.

—Éxodo 14:14

Y extendió Moisés su mano sobre el mar, e hizo Jehová que el mar se retirase por recio viento oriental toda aquella noche; y volvió el mar en seco, y las aguas quedaron divididas. Entonces los hijos de Israel entraron por en medio del mar, en seco, teniendo las aguas como muro a su derecha y a su izquierda. Y siguiéndolos los egipcios, entraron tras ellos hasta la mitad del mar, toda la caballería de Faraón, sus carros y su gente de a caballo.

—ÉXODO 14:21–23

Y Jehová dijo a Moisés: "Extiende tu mano sobre el mar, para que las aguas vuelvan sobre los egipcios, sobre sus carros, y sobre su caballería".

—ÉXODO 14:26

Entonces cantó Moisés y los hijos de Israel este cántico a Jehová, y dijeron: "Cantaré yo a Jehová, porque se ha magnificado grandemente; ha echado en el mar al caballo y al jinete".

—ÉXODO 15:1

Echó en el mar los carros de Faraón y su ejército; y sus capitanes escogidos fueron hundidos en el Mar Rojo.

—ÉXODO 15:4

Y María les respondía: "Cantad a Jehová, porque en extremo se ha engrandecido; ha echado en el mar al caballo y al jinete".

—ÉXODO 15:21

Y se alegró Jetro de todo el bien que Jehová había hecho a Israel, al haberlo librado de mano de los egipcios.

—ÉXODO 18:9

Y Jetro dijo: "Bendito sea Jehová, que os libró de mano de los egipcios, y de la mano de Faraón, y que libró al pueblo de la mano de los egipcios".

—ÉXODO 18:10

A la hechicera no dejarás que viva.

—ÉXODO 22:18

Enviaré delante de ti la avispa, que eche fuera al heveo, al cananeo y al heteo, de delante de ti.

—Éxodo 23:28

No los echaré de delante de ti en un año, para que no quede la tierra desierta, y se aumenten contra ti las fieras del campo.

—Éxodo 23:29

Poco a poco los echaré de delante de ti, hasta que te multipliques y tomes posesión de la tierra.

—Éxodo 23:30

Porque yo arrojaré a las naciones de tu presencia, y ensancharé tu territorio; y ninguno codiciará tu tierra, cuando subas para presentarte delante de Jehová tu Dios tres veces en el año.

—Éxodo 34:24

Levítico

Porque yo soy Jehová, que os hago subir de la tierra de Egipto para ser vuestro Dios: seréis, pues, santos, porque yo soy santo.

—Levítico 11:45

Y nunca más sacrificarán sus sacrificios a los demonios, tras de los cuales han fornicado; tendrán esto por estatuto perpetuo por sus edades.

—Levítico 17:7

En ninguna de estas cosas os amancillaréis; pues en todas estas cosas se han corrompido las naciones que yo echo de delante de vosotros.

—Levítico 18:24

Y no andéis en las prácticas de las naciones que yo echaré de delante de vosotros; porque ellos hicieron todas estas cosas, y los tuve en abominación.

—Levítico 20:23

Y santificaréis el año cincuenta, y pregonaréis libertad en la tierra a todos sus moradores; ese año os será de jubileo, y volveréis cada uno a vuestra posesión, y cada cual volverá a su familia.

—Levítico 25:10

Y perseguiréis a vuestros enemigos, y caerán a espada delante de vosotros.

—Levítico 26:7

Cinco de vosotros perseguirán a ciento, y ciento de vosotros perseguirán a diez mil, y vuestros enemigos caerán a filo de espada delante de vosotros.

—Levítico 26:8

Números

De las ciudades, pues, que daréis, tendréis seis ciudades de refugio.

—Números 35:13

Y Jehová escuchó la voz de Israel, y entregó al cananeo, y los destruyó a ellos y a sus ciudades; y llamó el nombre de aquel lugar Horma.

—Números 21:3

Echaréis de delante de vosotros a todos los moradores del país, y destruiréis todos sus ídolos de piedra, y todas sus imágenes de fundición, y destruiréis todos sus lugares altos.

—Números 33:52

Y si no echareis a los moradores del país de delante de vosotros, sucederá que los que dejareis de ellos serán por aguijones en vuestros ojos y por espinas en vuestros costados, y os afligirán sobre la tierra en que vosotros habitareis.

—Números 33:55

Y de las ciudades que daréis a los levitas, seis ciudades serán de refugio, las cuales daréis para que el homicida se refugie allá; y además de estas daréis cuarenta y dos ciudades.

—Números 35:6

Os señalaréis ciudades, ciudades de refugio tendréis, donde huya el homicida que hiriere a alguno de muerte sin intención.

—Números 35:11

Y os serán aquellas ciudades para refugiarse del vengador, y no morirá el homicida hasta que entre en juicio delante de la congregación.

—Números 35:12

Tres ciudades daréis a este lado del Jordán, y tres ciudades daréis en la tierra de Canaán, las cuales serán ciudades de refugio.

—Números 35:14

Estas seis ciudades serán de refugio para los hijos de Israel, y para el extranjero y el que more entre ellos, para que huya allá cualquiera que hiriere de muerte a otro sin intención.

—Números 35:15

Y la congregación librará al homicida de mano del vengador de la sangre, y la congregación lo hará volver a su ciudad de refugio, en la cual se había refugiado; y morará en ella hasta que muera el sumo sacerdote, el cual fue ungido con el aceite santo.

—Números 35:25

Deuteronomio

Jehová vuestro Dios, el cual va delante de vosotros, Él peleará por vosotros, conforme a todas las cosas que hizo por vosotros en Egipto delante de vuestros ojos.

—Deuteronomio 1:30

No los temáis; porque Jehová vuestro Dios, Él es el que pelea por vosotros.

—Deuteronomio 3:22

Para echar de delante de tu presencia naciones grandes y más fuertes que tú, y para introducirte y darte su tierra por heredad, como hoy.

—Deuteronomio 4:38

Yo soy Jehová tu Dios, que te saqué de tierra de Egipto, de casa de servidumbre.

—Deuteronomio 5:6

Para que Él arroje a tus enemigos de delante de ti, como Jehová ha dicho.

—Deuteronomio 6:19

Cuando Jehová tu Dios te haya introducido en la tierra en la cual entrarás para tomarla, y haya echado de delante de ti a muchas naciones, al heteo, al gergeseo, al amorreo, al cananeo, al ferezeo, al heveo y al jebuseo, siete naciones mayores y más poderosas que tú.

—Deuteronomio 7:1

Mas Jehová tu Dios las entregará delante de ti, y Él las quebrantará con grande destrozo, hasta que sean destruidas.

—Deuteronomio 7:23

El entregará sus reyes en tu mano, y tú destruirás el nombre de ellos de debajo del cielo; nadie te hará frente hasta que los destruyas.

—Deuteronomio 7:24

No pienses en tu corazón cuando Jehová tu Dios los haya echado de delante de ti, diciendo: Por mi justicia me ha traído Jehová a poseer esta tierra; pues por la impiedad de estas naciones Jehová las arroja de delante de ti.

—Deuteronomio 9:4

Cada siete años harás remisión. Y esta es la manera de la remisión: perdonará a su deudor todo aquel que hizo empréstito de su mano, con el cual obligó a su prójimo; no lo demandará más a su prójimo, o a su hermano, porque es pregonada la remisión de Jehová.

—Deuteronomio 15:1–2

Si se vendiere a ti tu hermano hebreo o hebrea, y te hubiere servido seis años, al séptimo le despedirás libre. Y cuando lo despidieres libre, no le enviarás con las manos vacías. Le abastecerás liberalmente de tus ovejas, de tu era y de tu lagar; le darás de aquello en que Jehová te hubiere bendecido.

—Deuteronomio 15:12–14

No sea hallado en ti quien haga pasar a su hijo o a su hija por el fuego, ni quien practique adivinación, ni agorero, ni sortílego, ni hechicero.

—Deuteronomio 18:10

Porque estas naciones que vas a heredar, a agoreros y a adivinos oyen; mas a ti no te ha permitido esto Jehová tu Dios.

—Deuteronomio 18:14

Porque Jehová vuestro Dios va con vosotros, para pelear por vosotros contra vuestros enemigos, para salvaros.

—Deuteronomio 20:4

Entonces Jehová hará volver a tus cautivos, y tendrá misericordia de ti, y volverá a recogerte de entre todos los pueblos adonde te hubiere esparcido Jehová tu Dios.

—Deuteronomio 30:3

Sacrificaron a los demonios, y no a Dios; a dioses que no habían conocido, a nuevos dioses venidos de cerca, que no habían temido vuestros padres.

—Deuteronomio 32:17

¿Cómo podría perseguir uno a mil, y dos hacer huir a diez mil, si su Roca no los hubiese vendido, y Jehová no los hubiera entregado?

—Deuteronomio 32:30

Josua

Y dijeron a Josué: "Jehová ha entregado toda la tierra en nuestras manos; y también todos los moradores del país desmayan delante de nosotros".

—Josué 2:24

Entonces Josué habló a Jehová el día en que Jehová entregó al amorreo delante de los hijos de Israel, y dijo en presencia de los israelitas: "Sol, detente en Gabaón; y tú, luna, en el valle de Ajalón". Y el sol se detuvo y la luna se paró, hasta que la gente se hubo vengado de sus enemigos. ¿No está escrito esto en el libro de Jaser? Y el sol se paró en medio del cielo, y no se apresuró a ponerse casi un día entero.

—Josué 10:12–13

Y vosotros no os detengáis, sino seguid a vuestros enemigos, y heridles la retaguardia, sin dejarles entrar en sus ciudades; porque Jehová vuestro Dios los ha entregado en vuestra mano.

—Josué 10:19

Y cuando los hubieron llevado a Josué, llamó Josué a todos los varones de Israel, y dijo a los principales de la gente de guerra que habían venido con él: "Acercaos, y poned vuestros pies sobre los cuellos de estos reyes". Y ellos se acercaron y pusieron sus pies sobre los cuellos de ellos.

—Josué 10:24

Hirió, pues, Josué toda la región de las montañas, del Neguev, de los llanos y de las laderas, y a todos sus reyes, sin dejar nada; todo lo que tenía vida lo mató, como Jehová Dios de Israel se lo había mandado.

—Josué 10:40

Asimismo tomó Josué todas las ciudades de aquellos reyes, y a todos los reyes de ellas, y los hirió a filo de espada, y los destruyó, como Moisés siervo de Jehová lo había mandado.

—Josué 11:12

Por mucho tiempo tuvo guerra Josué con estos reyes.

—Josué 11:18

Todos estos reyes y sus tierras los tomó Josué de una vez; porque Jehová el Dios de Israel peleaba por Israel.

—Josué 10:42

También en aquel tiempo vino Josué y destruyó a los anaceos de los montes de Hebrón, de Debir, de Anab, de todos los montes de Judá y de todos los montes de Israel; Josué los destruyó a ellos y a sus ciudades.

—Josué 11:21

Todo el reino de Og en Basán, el cual reinó en Astarot y en Edrei, el cual había quedado del resto de los refaítas; pues Moisés los derrotó, y los echó.

—Josué 13:12

Dame, pues, ahora este monte, del cual habló Jehová aquel día; porque tú oíste en aquel día que los anaceos están allí, y que hay ciudades grandes y fortificadas. Quizá Jehová estará conmigo, y los echaré, como Jehová ha dicho.

—Josué 14:12

Y Caleb echó de allí a los tres hijos de Anac, a Sesai, Ahimán y Talmai, hijos de Anac.

—Josué 15:14

Y Jehová les dio reposo alrededor, conforme a todo lo que había jurado a sus padres; y ninguno de todos sus enemigos pudo hacerles frente, porque Jehová entregó en sus manos a todos sus enemigos.

—Josué 21:44

Un varón de vosotros perseguirá a mil; porque Jehová vuestro Dios es quien pelea por vosotros, como él os dijo.

—Josué 23:10

Y yo envié a Moisés y a Aarón, y herí a Egipto, conforme a lo que hice en medio de él, y después os saqué. Saqué a vuestros padres de Egipto; y cuando llegaron al mar, los egipcios siguieron a vuestros padres hasta el Mar Rojo con carros y caballería. Y cuando ellos clamaron a Jehová, Él puso oscuridad entre vosotros y los egipcios, e hizo venir sobre ellos el mar, el cual los cubrió; y vuestros ojos vieron lo que hice en Egipto. Después estuvisteis muchos días en el desierto.

—Josué 24:5–7

Jueces

Y Jehová respondió: "Judá subirá; he aquí que yo he entregado la tierra en sus manos".

—Jueces 1:2

Y subió Judá, y Jehová entregó en sus manos al cananeo y al ferezeo; e hirieron de ellos en Bezec a diez mil hombres.

—Jueces 1:4

Y Jehová levantó jueces que los librasen de mano de los que les despojaban.

—Jueces 2:16

Y cuando Jehová les levantaba jueces, Jehová estaba con el juez, y los libraba de mano de los enemigos todo el tiempo de aquel juez; porque Jehová era movido a misericordia por sus gemidos a causa de los que los oprimían y afligían.

—Jueces 2:18

Y el Espíritu de Jehová vino sobre él, y juzgó a Israel, y salió a batalla, y Jehová entregó en su mano a Cusan-risataim rey de Siria, y prevaleció su mano contra Cusan-risataim.

—Jueces 3:10

Y clamaron los hijos de Israel a Jehová; y Jehová les levantó un libertador, a Aod hijo de Gera, benjamita, el cual era zurdo. Y los hijos de Israel enviaron con él un presente a Eglón rey de Moab.

—Jueces 3:15

Después de él fue Samgar hijo de Anat, el cual mató a seiscientos hombres de los filisteos con una aguijada de bueyes; y él también salvó a Israel.

—Jueces 3:31

Entonces Débora dijo a Barac: Levántate, porque este es el día en que Jehová ha entregado a Sísara en tus manos. ¿No ha salido Jehová delante de ti? Y Barac descendió del monte de Tabor, y diez mil hombres en pos de él.

—Jueces 4:14

Entonces Jehová dijo a Gedeón: Con estos trescientos hombres que *lamieron el agua* os salvaré, y entregaré a los madianitas en tus manos; y váyase *toda la demás gente* cada uno a su lugar.

—Jueces 7:7, (itálicas añadidas)

Y fue Jefté hacia los hijos de Amón para pelear contra ellos; y Jehová los entregó en su mano.

—Jueces 11:32

1 Samuel

Porque como pecado de adivinación es la rebelión, y como ídolos e idolatría la obstinación. Por cuanto tú desechaste la palabra de Jehová, Él también te ha desechado para que no seas rey.

—1 Samuel 15:23

Entonces dijo David al filisteo: Tú vienes a mí con espada y lanza y jabalina; mas yo vengo a ti en el nombre de Jehová de los ejércitos, el Dios de los escuadrones de Israel, a quien tú has provocado. Jehová te entregará hoy en mi mano, y yo te venceré, y te cortaré la cabeza, y daré hoy los cuerpos de los filisteos a las aves del cielo y a las bestias de la tierra; y toda la tierra sabrá que hay Dios en Israel. Y sabrá toda esta congregación que Jehová no salva con espada y con lanza; porque de Jehová es la batalla, y Él os entregará en nuestras manos.

Y aconteció que cuando el filisteo se levantó y echó a andar para ir al encuentro de David, David se dio prisa, y corrió a la línea de batalla contra el filisteo. Y metiendo David su mano en la bolsa, tomó de allí una piedra, y la tiró con la honda, e hirió al filisteo en la frente; y la piedra quedó clavada en la frente, y cayó sobre su rostro en tierra.

Así venció David al filisteo con honda y piedra; e hirió al filisteo y lo mató, sin tener David espada en su mano. Entonces corrió David y se puso sobre el filisteo; y tomando la espada de él y sacándola de su vaina, lo acabó de matar, y le cortó con ella la cabeza. Y cuando los filisteos vieron a su paladín muerto, huyeron.

—1 SAMUEL 17:45-51

Y David consultó a Jehová, diciendo: ¿Perseguiré a estos merodeadores? ¿Los podré alcanzar? Y él le dijo: Síguelos, porque ciertamente los alcanzarás, y de cierto librarás a los cautivos.

—1 SAMUEL 30:8

2 Samuel

Otra segunda guerra hubo después en Gob contra los filisteos; entonces Sibecai husatita mató a Saf, quien era uno de los descendientes de los gigantes.

—2 SAMUEL 21:18

Hubo otra vez guerra en Gob contra los filisteos, en la cual Elhanán, hijo de Jaare-oregim de Belén, mató a Goliat geteo, el asta de cuya lanza era como el rodillo de un telar. Después hubo otra guerra en Gat, donde había un hombre de gran estatura, el cual tenía doce dedos en las manos, y otros doce en los pies, veinticuatro por todos; y también era descendiente de los gigantes. Este desafió a Israel, y lo mató Jonatán, hijo de Simea hermano de David. Estos cuatro eran descendientes de los gigantes en Gat, los cuales cayeron por mano de David y por mano de sus siervos.

—2 SAMUEL 21:19-22

Dijo: "Jehová es mi roca y mi fortaleza, y mi libertador".

—2 SAMUEL 22:2

Me libró de poderoso enemigo, y de los que me aborrecían, aunque eran más fuertes que yo.

—2 SAMUEL 22:18

Y me sacó a lugar espacioso; me libró, porque se agradó de mí.

—2 Samuel 22:20

El que me libra de enemigos, y aun me exalta sobre los que se levantan contra mí; me libraste del varón violento.

—2 Samuel 22:49

1 Reyes

Hubo también sodomitas en la tierra, e hicieron conforme a todas las abominaciones de las naciones que Jehová había echado delante de los hijos de Israel.

—1 Reyes 14:24

Él fue en gran manera abominable, caminando en pos de los ídolos, conforme a todo lo que hicieron los amorreos, a los cuales lanzó Jehová de delante de los hijos de Israel.

—1 Reyes 21:26

2 Reyes

Cuando vio Joram a Jehú, dijo: "¿Hay paz, Jehú?". Y él respondió: "¿Qué paz, con las fornicaciones de Jezabel tu madre, y sus muchas hechicerías?".

—2 Reyes 9:22

1 Crónicas

Subieron, pues, a Baal-perazim, y allí los derrotó David. Dijo luego David: Dios rompió mis enemigos por mi mano, como se rompen las aguas. Por esto llamaron el nombre de aquel lugar Baal-perazim.

—1 Crónicas 14:11

2 Crónicas

Y él designó sus propios sacerdotes para los lugares altos, y para los demonios, y para los becerros que él había hecho.

—2 CRÓNICAS 11:15

Y pasó sus hijos por fuego en el valle del hijo de Hinom; y observaba los tiempos, miraba en agüeros, era dado a adivinaciones, y consultaba a adivinos y encantadores; se excedió en hacer lo malo ante los ojos de Jehová, hasta encender su ira.

—2 CRÓNICAS 33:6

Ester

Porque si callas absolutamente en este tiempo, respiro y liberación vendrá de alguna otra parte para los judíos; mas tú y la casa de tu padre pereceréis. ¿Y quién sabe si para esta hora has llegado al reino?

—ESTER 4:14

Job

Y quebrantaba los colmillos del inicuo, y de sus dientes hacía soltar la presa.

—JOB 29:17

Y quitó Jehová la aflicción de Job, cuando él hubo orado por sus amigos; y aumentó al doble todas las cosas que habían sido de Job.

—JOB 42:10

Salmos

Levántate, Jehová; sálvame, Dios mío; porque tú heriste a todos mis enemigos en la mejilla; los dientes de los perversos quebrantaste.

—SALMO 3:7

Castígalos, oh Dios; caigan por sus mismos consejos; por la multitud de sus transgresiones échalos fuera, porque se rebelaron contra ti.

—Salmo 5:10

Vuélvete, oh Jehová, libra mi alma; sálvame por tu misericordia.

—Salmo 6:4

Jehová Dios mío, en ti he confiado; sálvame de todos los que me persiguen, y líbrame.

—Salmo 7:1

No sea que desgarren mi alma cual león, y me destrocen sin que haya quien me libre.

—Salmo 7:2

Jehová será refugio del pobre, refugio para el tiempo de angustia.

—Salmo 9:9

¡Oh, que de Sion saliera la salvación de Israel! Cuando Jehová hiciere volver a los cautivos de su pueblo, se gozará Jacob, y se alegrará Israel.

—Salmo 14:7

Levántate, oh Jehová; sal a su encuentro, póstrales; libra mi alma de los malos con tu espada.

—Salmo 17:13

Jehová, roca mía y castillo mío, y mi libertador; Dios mío, fortaleza mía, en Él confiaré; Mi escudo, y la fuerza de mi salvación, mi alto refugio.

—Salmo 18:2

Invocaré a Jehová, quien es digno de ser alabado, y seré salvo de mis enemigos.

—Salmo 18:3

Envió desde lo alto; me tomó, me sacó de las muchas aguas.

—Salmo 18:16

Me sacó a lugar espacioso; me libró, porque se agradó de mí.

—Salmo 18:19

Me libró de mi poderoso enemigo, y de los que me aborrecían; pues eran más fuertes que yo.

—Salmo 18:17

Porque tú salvarás al pueblo afligido, y humillarás los ojos altivos.

—Salmo 18:27

Quien adiestra mis manos para la batalla, para entesar con mis brazos el arco de bronce.

—Salmo 18:34

Has hecho que mis enemigos me vuelvan las espaldas, para que yo destruya a los que me aborrecen.

—Salmo 18:40

Y los molí como polvo delante del viento; los eché fuera como lodo de las calles.

—Salmo 18:42

Grandes triunfos da a su rey, y hace misericordia a su ungido, a David y a su descendencia, para siempre.

—Salmo 18:50

Libra de la espada mi alma, del poder del perro mi vida.

—Salmo 22:20

Sálvame de la boca del león, y líbrame de los cuernos de los búfalos.

—Salmo 22:21

Porque no menospreció ni abominó la aflicción del afligido, ni de él escondió su rostro; sino que cuando clamó a Él, le oyó.

—Salmo 22:24

Confortará mi alma; me guiará por sendas de justicia por amor de su nombre.

—Salmo 23:3

Dios mío, en ti confío; no sea yo avergonzado, no se alegren de mí mis enemigos.

—Salmo 25:2

Guarda mi alma, y líbrame; no sea yo avergonzado, porque en ti confié.

—Salmo 25:20

Jehová es mi luz y mi salvación; ¿de quién temeré? Jehová es la fortaleza de mi vida; ¿de quién he de atemorizarme?

—Salmo 27:1

Cuando se juntaron contra mí los malignos, mis angustiadores y mis enemigos, para comer mis carnes, ellos tropezaron y cayeron.

—Salmo 27:2

En ti, oh Jehová, he confiado; no sea yo confundido jamás; líbrame en tu justicia.

—Salmo 31:1

Inclina a mí tu oído, líbrame pronto; sé tú mi roca fuerte, y fortaleza para salvarme.

—Salmo 31:2

En tu mano están mis tiempos; líbrame de la mano de mis enemigos y de mis perseguidores.

—Salmo 31:15

Tú eres mi refugio; me guardarás de la angustia; con cánticos de liberación me rodearás. *Selah.*

—Salmo 32:7

Para librar sus almas de la muerte, y para darles vida en tiempo de hambre.

—Salmo 33:19

Busqué a Jehová, y Él me oyó, y me libró de todos mis temores.

—Salmo 34:4

El ángel de Jehová acampa alrededor de los que le temen, y los defiende.

—Salmo 34:7

Claman los justos, y Jehová oye, y los libra de todas sus angustias.

—Salmo 34:17

Cercano está Jehová a los quebrantados de corazón; y salva a los contritos de espíritu.

—Salmo 34:18

Muchas son las aflicciones del justo, pero de todas ellas le librará Jehová.

—Salmo 34:19

Disputa, oh Jehová, con los que contra mí contienden; pelea contra los que me combaten.

—Salmo 35:1

Todos mis huesos dirán: "Jehová, ¿quién como tú, que libras al afligido del más fuerte que él, y al pobre y menesteroso del que le despoja?".

—Salmo 35:10

Mas los impíos perecerán, y los enemigos de Jehová como la grasa de los carneros serán consumidos; se disiparán como el humo.

—Salmo 37:20

Jehová los ayudará y los librará; los libertará de los impíos, y los salvará, por cuanto en Él esperaron.

—Salmo 37:40

Apresúrate a ayudarme, oh Señor, mi salvación.

—Salmo 38:22

Y me hizo sacar del pozo de la desesperación, del lodo cenagoso; puso mis pies sobre peña, y enderezó mis pasos.

—Salmo 40:2

Quieras, oh Jehová, librarme; Jehová, apresúrate a socorrerme.

—Salmo 40:13

Aunque afligido yo y necesitado, Jehová pensará en mí. Mi ayuda y mi libertador eres tú;
Dios mío, no te tardes.

—Salmo 40:17

Bienaventurado el que piensa en el pobre; en el día malo lo librará Jehová.

—Salmo 41:1

Jehová lo guardará, y le dará vida; será bienaventurado en la tierra, y no lo entregarás a la voluntad de sus enemigos.

—Salmo 41:2

Tú, oh Dios, eres mi rey; manda salvación a Jacob.

—Salmo 44:4

Por medio de ti sacudiremos a nuestros enemigos; en tu nombre hollaremos a nuestros adversarios.

—Salmo 44:5

Pues tú nos has guardado de nuestros enemigos, y has avergonzado a los que nos aborrecían.

—Salmo 44:7

E invócame en el día de la angustia; te libraré, y tú me honrarás.

—Salmo 50:15

Entended ahora esto, los que os olvidáis de Dios, no sea que os despedace, y no haya quien os libre.

—Salmo 50:22

Vuélveme el gozo de tu salvación, y espíritu noble me sustente.

—Salmo 51:12

Los sacrificios de Dios son el espíritu quebrantado; al corazón contrito y humillado no despreciarás tú, oh Dios.

—Salmo 51:17

Oh Dios, quiebra sus dientes en sus bocas; quiebra, oh Jehová, las muelas de los leoncillos.

—Salmo 58:6

Decid a Dios: "¡Cuán asombrosas son tus obras! Por la grandeza de tu poder se someterán a ti tus enemigos".

—Salmo 66:3

Levántese Dios, sean esparcidos sus enemigos, y huyan de su presencia los que le aborrecen.

—Salmo 68:1

Dios hace habitar en familia a los desamparados; saca a los cautivos a prosperidad; mas los rebeldes habitan en tierra seca.

—Salmo 68:6

Sálvame, oh Dios, porque las aguas han entrado hasta el alma.

—Salmo 69:1

Sácame del lodo, y no sea yo sumergido; sea yo libertado de los que me aborrecen, y de lo profundo de las aguas.

—Salmo 69:14

No me anegue la corriente de las aguas, ni me trague el abismo, ni el pozo cierre sobre mí su boca.

—Salmo 69:15

Acércate a mi alma, redímela; líbrame a causa de mis enemigos.

—Salmo 69:18

Porque Jehová oye a los menesterosos, y no menosprecia a sus prisionero.

—Salmo 69:33

Oh Dios, acude a librarme; apresúrate, oh Dios, a socorrerme.

—Salmo 70:1

Yo estoy afligido y menesteroso; apresúrate a mí, oh Dios. Ayuda mía y mi libertador eres tú; oh Jehová, no te detengas.

—Salmo 70:5

Socórreme y líbrame en tu justicia; inclina tu oído y sálvame.

—Salmo 71:2

Dios mío, líbrame de la mano del impío, de la mano del perverso y violento.

—Salmo 71:4

Oh Dios, no te alejes de mí; Dios mío, acude pronto en mi socorro.

—Salmo 71:12

Ante él se postrarán los moradores del desierto, y sus enemigos lamerán el polvo.

—Salmo 72:9

Porque él librará al menesteroso que clamare, y al afligido que no tuviere quien le socorra.

—Salmo 72:12

Pero Dios es mi rey desde tiempo antiguo; el que obra salvación en medio de la tierra.

—Salmo 74:12

Dividiste el mar con tu poder; quebrantaste cabezas de monstruos en las aguas.

—Salmo 74:13

Llegue delante de ti el gemido de los presos; conforme a la grandeza de tu brazo preserva a los sentenciados a muerte.

—Salmo 79:11

En la calamidad clamaste, y yo te libré; te respondí en lo secreto del trueno; te probé junto a las aguas de Meriba. *Selah.*

—Salmo 81:7

Librad al afligido y al necesitado; libradlo de mano de los impíos.

—Salmo 82:4

Fuiste propicio a tu tierra, oh Jehová; volviste la cautividad de Jacob.

—Salmo 85:1

Porque tu misericordia es grande para conmigo, y has librado mi alma de las profundidades del Seol.

—Salmo 86:13

Haz conmigo señal para bien, y véanla los que me aborrecen, y sean avergonzados; porque tú, Jehová, me ayudaste y me consolaste.

—Salmo 86:17

Tú quebrantaste a Rahab como a herido de muerte; con tu brazo poderoso esparciste a tus enemigos.

—Salmo 89:10

Sino que quebrantaré delante de él a sus enemigos, y heriré a los que le aborrecen.

—Salmo 89:23

Él te librará del lazo del cazador, de la peste destructora.

—Salmo 91:3

Sobre el león y el áspid pisarás; hollarás al cachorro del león y al dragón.

—Salmo 91:13

Fuego irá delante de él, y abrasará a sus enemigos alrededor.

—Salmo 97:3

Por cuanto en mí ha puesto su amor, yo también lo libraré; le pondré en alto, por cuanto ha conocido mi nombre.

—Salmo 91:14

Me invocará, y yo le responderé; con él estaré yo en la angustia; lo libraré y le glorificaré.

—Salmo 91:15

Los que amáis a Jehová, aborreced el mal; el guarda las almas de sus santos; de mano de los impíos los libra.

—Salmo 97:10

Porque miró desde lo alto de su santuario; Jehová miró desde los cielos a la tierra, para oír el gemido de los presos, para soltar a los sentenciados a muerte.

—Salmo 102:19–20

Envió el rey, y le soltó; el señor de los pueblos, y le dejó ir libre.

—Salmo 105:20

Reprendió al Mar Rojo y lo secó, y les hizo ir por el abismo como por un desierto.

—Salmo 106:9

Los salvó de mano del enemigo, y los rescató de mano del adversario.

—Salmo 106:10

Cubrieron las aguas a sus enemigos; no quedó ni uno de ellos.

—Salmo 106:11

Sacrificaron sus hijos y sus hijas a los demonios.

—Salmo 106:37

Entonces clamaron a Jehová en su angustia, y los libró de sus aflicciones.

—Salmo 107:6

Porque sacia al alma menesterosa, y llena de bien al alma hambrienta. Algunos moraban en tinieblas y sombra de muerte, aprisionados en aflicción y en hierros, por cuanto fueron rebeldes a las palabras de Jehová, y aborrecieron el consejo del Altísimo.

—Salmo 107:9–11

Fueron afligidos los insensatos, a causa del camino de su rebelión y a causa de sus maldades.

—Salmo 107:17

Envió su palabra, y los sanó, y los libró de su ruina.

—Salmo 107:20

Para que sean librados tus amados, salva con tu diestra y respóndeme.

—Salmo 108:6

Ayúdame, Jehová Dios mío; sálvame conforme a tu misericordia.

—Salmo 109:26

Jehová enviará desde Sion la vara de tu poder; domina en medio de tus enemigos.

—Salmo 110:2

Entonces invoqué el nombre de Jehová, diciendo: "Oh Jehová, libra ahora mi alma".

—Salmo 116:4

Pues tú has librado mi alma de la muerte, mis ojos de lágrimas, y mis pies de resbalar.

—Salmo 116:8

Oh Jehová, ciertamente yo soy tu siervo, siervo tuyo soy, hijo de tu sierva; tú has roto mis prisiones.

—Salmo 116:16

Jehová está conmigo entre los que me ayudan; por tanto, yo veré mi deseo en los que me aborrecen.

—Salmo 118:7

No moriré, sino que viviré, y contaré las obras de Jehová.

—Salmo 118:17

Líbrame de la violencia de los hombres, y guardaré tus mandamientos.

—Salmo 119:134

Mira mi aflicción, y líbrame, porque de tu ley no me he olvidado.

—Salmo 119:153

Defiende mi causa, y redímeme; vivifícame con tu palabra.

—Salmo 119:154

Llegue mi oración delante de ti; líbrame conforme a tu dicho.

—Salmo 119:170

Libra mi alma, oh Jehová, del labio mentiroso, y de la lengua fraudulenta.

—Salmo 120:2

Bendito sea Jehová, que no nos dio por presa a los dientes de ellos.

—Salmo 124:6

Nuestra alma escapó cual ave del lazo de los cazadores; se rompió el lazo, y escapamos nosotros.

—Salmo 124:7

Cuando Jehová hiciere volver la cautividad de Sion, seremos como los que sueñan.

—Salmo 126:1

Haz volver nuestra cautividad, oh Jehová, como los arroyos del Neguev.

—Salmo 126:4

Serán avergonzados y vueltos atrás todos los que aborrecen a Sion.

—SALMO 129:5

Al que dividió el Mar Rojo en partes, porque para siempre es su misericordia; e hizo pasar a Israel por en medio de él, porque para siempre es su misericordia; y arrojó a Faraón y a su ejército en el Mar Rojo, porque para siempre es su misericordia.

—SALMO 136:13-15

Si anduviere yo en medio de la angustia, tú me vivificarás; contra la ira de mis enemigos extenderás tu mano, y me salvará tu diestra.

—SALMO 138:7

Líbrame, oh Jehová, del hombre malo; guárdame de hombres violentos.

—SALMO 140:1

Escucha mi clamor, porque estoy muy afligido. Líbrame de los que me persiguen, porque son más fuertes que yo.

—SALMO 142:6

Saca mi alma de la cárcel, para que alabe tu nombre; me rodearán los justos, porque tú me serás propicio.

—SALMO 142:7

Respóndeme pronto, oh Jehová, porque desmaya mi espíritu; no escondas de mí tu rostro,
    No venga yo a ser semejante a los que descienden a la sepultura.

—SALMO 143:7

Y por tu misericordia disiparás a mis enemigos, y destruirás a todos los adversarios de mi alma, porque yo soy tu siervo.

—SALMO 143:12

Líbrame de mis enemigos, oh Jehová; en ti me refugio.

—Salmo 143:9

Bendito sea Jehová, mi roca, quien adiestra mis manos para la batalla, y mis dedos para la guerra.

—Salmo 144:1

Misericordia mía y mi castillo, fortaleza mía y mi libertador, escudo mío, en quien he confiado; el que sujeta a mi pueblo debajo de mí.

—Salmo 144:2

Envía tu mano desde lo alto; redímeme, y sácame de las muchas aguas, de la mano de los hombres extraños.

—Salmo 144:7

Tú, el que da victoria a los reyes, el que rescata de maligna espada a David su siervo.

—Salmo 144:10

Rescátame, y líbrame de la mano de los hombres extraños, cuya boca habla vanidad, y cuya diestra es diestra de mentira.

—Salmo 144:11

Que hace justicia a los agraviados, que da pan a los hambrientos. Jehová liberta a los cautivos.

—Salmo 146:7

Para aprisionar a sus reyes con grillos, y a sus nobles con cadenas de hierro.

—Salmo 149:8

Proverbios

Para librarte del mal camino, de los hombres que hablan perversidades.

—Proverbios 2:12

Serás librado de la mujer extraña, de la ajena que halaga con sus palabras.

—Proverbios 2:16

El ánimo del hombre soportará su enfermedad; mas ¿quién soportará al ánimo angustiado?

—Proverbios 18:14

Como el gorrión en su vagar, y como la golondrina en su vuelo, así la maldición nunca vendrá sin causa.

—Proverbios 26:2

Eclesiastés

El que hiciere hoyo caerá en él; y al que aportillare vallado, le morderá la serpiente.

—Eclesiastés 10:8

Isaías

Y habrá un abrigo para sombra contra el calor del día, para refugio y escondedero contra el turbión y contra el aguacero.

—Isaías 4:6

Acontecerá en aquel tiempo que su carga será quitada de tu hombro, y su yugo de tu cerviz, y el yugo se pudrirá a causa de la unción.

—Isaías 10:27

Porque fuiste fortaleza al pobre, fortaleza al menesteroso en su aflicción, refugio contra el turbión, sombra contra el calor; porque el ímpetu de los violentos es como turbión contra el muro.

—Isaías 25:4

En aquel día Jehová castigará con su espada dura, grande y fuerte al leviatán serpiente veloz, y al leviatán serpiente tortuosa; y matará al dragón que está en el mar.

—Isaías 27:1

Y será anulado vuestro pacto con la muerte, y vuestro convenio con el Seol no será firme; cuando pase el turbión del azote, seréis de él pisoteados.

—Isaías 28:18

Para que abras los ojos de los ciegos, para que saques de la cárcel a los presos, y de casas de prisión a los que moran en tinieblas.

—Isaías 42:7

Jehová saldrá como gigante, y como hombre de guerra despertará celo; gritará, voceará, se esforzará sobre sus enemigos.

—Isaías 42:13

Mas este es pueblo saqueado y pisoteado, todos ellos atrapados en cavernas y escondidos en cárceles; son puestos para despojo, y no hay quien libre; despojados, y no hay quien diga: "Restituid".

—Isaías 42:22

Que deshago las señales de los adivinos, y enloquezco a los agoreros; que hago volver atrás a los sabios, y desvanezco su sabiduría.

—Isaías 44:25

Y hasta la vejez yo mismo, y hasta las canas os soportaré yo; yo hice, yo llevaré, yo soportaré y guardaré.

—Isaías 46:4

Yo lo desperté en justicia, y enderezaré todos sus caminos; él edificará mi ciudad, y soltará mis cautivos, no por precio ni por dones, dice Jehová de los ejércitos.

—Isaías 45:13

Salid de Babilonia, huid de entre los caldeos; dad nuevas de esto con voz de alegría, publicadlo, llevadlo hasta lo postrero de la tierra; decid: "Redimió Jehová a Jacob su siervo".

—Isaías 48:20

Para que digas a los presos: "Salid"; y a los que están en tinieblas: "Mostraos". En los caminos serán apacentados, y en todas las alturas tendrán sus pastos.

—Isaías 49:9

Cantad alabanzas, oh cielos, y alégrate, tierra; y prorrumpid en alabanzas, oh montes; porque Jehová ha consolado a su pueblo, y de sus pobres tendrá misericordia.

—Isaías 49:13

Pero así dice Jehová: Ciertamente el cautivo será rescatado del valiente, y el botín será arrebatado al tirano; y tu pleito yo lo defenderé, y yo salvaré a tus hijos.

—Isaías 49:25

Despiértate, despiértate, vístete de poder, oh brazo de Jehová; despiértate como en el tiempo antiguo, en los siglos pasados. ¿No eres tú el que cortó a Rahab, y el que hirió al dragón?

—Isaías 51:9

Sacúdete del polvo; levántate y siéntate, Jerusalén; suelta las ataduras de tu cuello, cautiva hija de Sion.

—Isaías 52:2

Mas Él herido fue por nuestras rebeliones, molido por nuestros pecados; el castigo de nuestra paz fue sobre Él, y por su llaga fuimos nosotros curados.

—ISAÍAS 53:5

Pobrecita, fatigada con tempestad, sin consuelo; he aquí que yo cimentaré tus piedras sobre carbunclo, y sobre zafiros te fundaré.

—ISAÍAS 54:11

Porque así dijo el Alto y Sublime, el que habita la eternidad, y cuyo nombre es el Santo: Yo habito en la altura y la santidad, y con el quebrantado y humilde de espíritu, para hacer vivir el espíritu de los humildes, y para vivificar el corazón de los quebrantados.

—ISAÍAS 57:15

¿No es más bien el ayuno que yo escogí, desatar las ligaduras de impiedad, soltar las cargas de opresión, y dejar ir libres a los quebrantados, y que rompáis todo yugo?

—ISAÍAS 58:6

Y temerán desde el occidente el nombre de Jehová, y desde el nacimiento del sol su gloria; porque vendrá el enemigo como río, mas el Espíritu de Jehová levantará bandera contra él.

—ISAÍAS 59:19

El Espíritu de Jehová el Señor está sobre mí, porque me ungió Jehová; me ha enviado a predicar buenas nuevas a los abatidos, a vendar a los quebrantados de corazón, a publicar libertad a los cautivos, y a los presos apertura de la cárcel.

—ISAÍAS 61:1

En toda angustia de ellos él fue angustiado, y el ángel de su faz los salvó; en su amor y en su clemencia los redimió, y los trajo, y los levantó todos los días de la antigüedad.

—ISAÍAS 63:9

Mi mano hizo todas estas cosas, y así todas estas cosas fueron, dice Jehová; pero miraré a aquel que es pobre y humilde de espíritu, y que tiembla a mi palabra.

—Isaías 66:2

Jeremías

Y curan la herida de mi pueblo con liviandad, diciendo: "Paz, paz"; y no hay paz.

—Jeremías 6:14

Y curaron la herida de la hija de mi pueblo con liviandad, diciendo: "Paz, paz"; y no hay paz.

—Jeremías 8:11

Porque así dijo Jehová: Cuando en Babilonia se cumplan los setenta años, yo os visitaré, y despertaré sobre vosotros mi buena palabra, para haceros volver a este lugar.

—Jeremías 29:10

Que cada uno dejase libre a su siervo y a su sierva, hebreo y hebrea; que ninguno usase a los judíos, sus hermanos, como siervos.

—Jeremías 34:9

Martillo me sois, y armas de guerra; y por medio de ti quebrantaré naciones, y por medio de ti destruiré reinos.

—Jeremías 51:20

Daniel

He aquí nuestro Dios a quien servimos puede librarnos del horno de fuego ardiendo; y de tu mano, oh rey, nos librará.

—Daniel 3:17

Entonces Nabucodonosor se acercó a la puerta del horno de fuego ardiendo, y dijo: Sadrac, Mesac y Abed-nego, siervos del Dios Altísimo, salid y venid. Entonces Sadrac, Mesac y Abed-nego salieron de en medio del fuego.

—DANIEL 3:26

Mi Dios envió su ángel, el cual cerró la boca de los leones, para que no me hiciesen daño, porque ante él fui hallado inocente; y aun delante de ti, oh rey, yo no he hecho nada malo.

—DANIEL 6:22

Entonces me dijo: "Daniel, no temas; porque desde el primer día que dispusiste tu corazón a entender y a humillarte en la presencia de tu Dios, fueron oídas tus palabras; y a causa de tus palabras yo he venido. Mas el príncipe del reino de Persia se me opuso durante veintiún días; pero he aquí Miguel, uno de los principales príncipes, vino para ayudarme, y quedé allí con los reyes de Persia".

—DANIEL 10:12–13

Joel

Y os restituiré los años que comió la oruga, el saltón, el revoltón y la langosta, mi gran ejército que envié contra vosotros.

—JOEL 2:25

Y todo aquel que invocare el nombre de Jehová será salvo; porque en el monte de Sion y en Jerusalén habrá salvación, como ha dicho Jehová, y entre el remanente al cual Él habrá llamado.

—JOEL 2:32

Abdías

Mas en el monte de Sion habrá un remanente que se salve; y será santo, y la casa de Jacob recuperará sus posesiones.

—ABDÍAS 1:17

Y subirán salvadores al monte de Sion para juzgar al monte de Esaú; y el reino será de Jehová.

—ABDÍAS 1:21

Miqueas

Asimismo destruiré de tu mano las hechicerías, y no se hallarán en ti agoreros.

—MIQUEAS 5:12

Nahúm

A causa de la multitud de las fornicaciones de la ramera de hermosa gracia, maestra en hechizos, que seduce a las naciones con sus fornicaciones, y a los pueblos con sus hechizos.

—NAHÚM 3:4

Zacarías

Y dijo Jehová a Satanás: "Jehová te reprenda, oh Satanás; Jehová que ha escogido a Jerusalén te reprenda. ¿No es este un tizón arrebatado del incendio?".

—ZACARÍAS 3:2

Porque los terafines han dado vanos oráculos, y los adivinos han visto mentira, han hablado sueños vanos, y vano es su consuelo; por lo cual el pueblo vaga como ovejas, y sufre porque no tiene pastor.

—ZACARÍAS 10:2

Contra los pastores se ha encendido mi enojo, y castigaré a los jefes; pero Jehová de los ejércitos visitará su rebaño, la casa de Judá, y los pondrá como su caballo de honor en la guerra.

—ZACARÍAS 10:3

Malaquías

Mas a vosotros los que teméis mi nombre, nacerá el Sol de justicia, y en sus alas traerá salvación; y saldréis, y saltaréis como becerros de la manada.

—Malaquías 4:2

6

LA LIBERACIÓN EN EL NUEVO TESTAMENTO

El Libertador ha venido a la tierra. A lo largo del Nuevo Testamento vemos la liberación de Dios, no solo físicamente al ganar batallas físicas sobre enemigos físicos, sino también su liberación en el ámbito espiritual. Del Hijo de Dios mismo aprendemos cómo obtener la victoria, de una vez y para siempre, contra el enemigo de nuestras almas. Jesús nos muestra las armas espirituales que tenemos a nuestra disposición. Nos muestra que Él tiene las llaves del reino, que representan su autoridad, y aprendemos también que Él nos ha dado esas llaves. A través de Cristo no solo obtenemos la victoria física, sino también la victoria sobre todas las obras del enemigo; y podemos tener la seguridad de que nada podrá hacernos daño.

En esta parte de la Biblia, Cristo también nos presenta al tercer miembro de la divinidad, el Consolador, el Espíritu Santo, quien nos enseñará todos los caminos hacia una vida de abundancia, y cómo entrar en la paz, la alegría y la justicia del Reino de Dios. Estamos invitados a tener la plenitud del Espíritu de Dios, no solo para ser salvos, sanados y liberados, sino para tener poder para expandir el Reino de paz de Dios al reconciliar a otros con Él.

A través del Espíritu Santo tendremos acceso a una medida ilimitada de gracia sobrenatural, sabiduría y recursos espirituales que nos permitirá vivir verdaderamente como sacerdotes, como santos, en el Reino de los cielos. El diablo no tiene poder sobre los santos de Dios. Vivimos en una era en la que Cristo ya vino al mundo, murió, resucitó y ahora está a la diestra del Padre.

Mateo

Y se difundió su fama por toda Siria; y le trajeron todos los que tenían dolencias, los afligidos por diversas enfermedades y tormentos, los endemoniados, lunáticos y paralíticos; y los sanó.

—MATEO 4:24

Y no nos metas en tentación, mas líbranos del mal; porque tuyo es el reino, y el poder, y la gloria, por todos los siglos. Amén.

—MATEO 6:13

¡Hipócrita! Saca primero la viga de tu propio ojo, y entonces verás bien para sacar la paja del ojo de tu hermano.

—MATEO 7:5

No todo el que me dice: "Señor, Señor", entrará en el reino de los cielos, sino el que hace la voluntad de mi Padre que está en los cielos. Muchos me dirán en aquel día: "Señor, Señor, ¿no profetizamos en tu nombre, y en tu nombre echamos fuera demonios, y en tu nombre hicimos muchos milagros?". Y entonces les declararé: "Nunca os conocí; apartaos de mí, hacedores de maldad".

—MATEO 7:21–23

Y cuando llegó la noche, trajeron a Él muchos endemoniados; y con la palabra echó fuera a los demonios, y sanó a todos los enfermos.

—MATEO 8:16

Cuando llegó a la otra orilla, a la tierra de los gadarenos, vinieron a su encuentro dos endemoniados que salían de los sepulcros, feroces en gran manera, tanto que nadie podía pasar por aquel camino.

—MATEO 8:28

Y los que los apacentaban huyeron, y viniendo a la ciudad, contaron todas las cosas, y lo que había pasado con los endemoniados.

—Mateo 8:33

Mientras salían ellos, he aquí, le trajeron un mudo, endemoniado.

—Mateo 9:32

Y echado fuera el demonio, el mudo habló; y la gente se maravillaba, y decía: "Nunca se ha visto cosa semejante en Israel".

—Mateo 9:33

Entonces llamando a sus doce discípulos, les dio autoridad sobre los espíritus inmundos, para que los echasen fuera, y para sanar toda enfermedad y toda dolencia.

—Mateo 10:1

Sanad enfermos, limpiad leprosos, resucitad muertos, echad fuera demonios; de gracia recibisteis, dad de gracia.

—Mateo 10:8

Entonces fue traído a Él un endemoniado, ciego y mudo; y le sanó, de tal manera que el ciego y mudo veía y hablaba.

—Mateo 12:22

Y toda la gente estaba atónita, y decía: "¿Será este aquel Hijo de David?". Mas los fariseos, al oírlo, decían: "Este no echa fuera los demonios sino por Beelzebú, príncipe de los demonios". Sabiendo Jesús los pensamientos de ellos, les dijo: "Todo reino dividido contra sí mismo, es asolado, y toda ciudad o casa dividida contra sí misma, no permanecerá. Y si Satanás echa fuera a Satanás, contra sí mismo está dividido; ¿cómo, pues, permanecerá su reino?".

—Mateo 12:23-26

Pero si yo por el Espíritu de Dios echo fuera los demonios, ciertamente ha llegado a vosotros el Reino de Dios.

—Mateo 12:28

Cuando el espíritu inmundo sale del hombre, anda por lugares secos, buscando reposo, y no lo halla.

—Mateo 12:43

Y he aquí una mujer cananea que había salido de aquella región clamaba, diciéndole: "¡Señor, Hijo de David, ten misericordia de mí! Mi hija es gravemente atormentada por un demonio".

—Mateo 15:22

Respondiendo Él, dijo: "No está bien tomar el pan de los hijos, y echarlo a los perrillos". Y ella dijo: "Sí, Señor; pero aun los perrillos comen de las migajas que caen de la mesa de sus amos". Entonces respondiendo Jesús, dijo: "Oh mujer, grande es tu fe; hágase contigo como quieres". Y su hija fue sanada desde aquella hora.

—Mateo 15:26–28

"Señor, ten misericordia de mi hijo, que es lunático, y padece muchísimo; porque muchas veces cae en el fuego, y muchas en el agua".

—Mateo 17:15

Y reprendió Jesús al demonio, el cual salió del muchacho, y este quedó sano desde aquella hora.

—Mateo 17:18

Marcos

Pero había en la sinagoga de ellos un hombre con espíritu inmundo, que dio voces.

—Marcos 1:23

Y el espíritu inmundo, sacudiéndole con violencia, y clamando a gran voz, salió de él.

—MARCOS 1:26

Y todos se asombraron, de tal manera que discutían entre sí, diciendo: "¿Qué es esto? ¿Qué nueva doctrina es esta, que con autoridad manda aun a los espíritus inmundos, y le obedecen?".

—MARCOS 1:27

Cuando llegó la noche, luego que el sol se puso, le trajeron todos los que tenían enfermedades, y a los endemoniados.

—MARCOS 1:32

Y sanó a muchos que estaban enfermos de diversas enfermedades, y echó fuera muchos demonios; y no dejaba hablar a los demonios, porque le conocían.

—MARCOS 1:34

Y predicaba en las sinagogas de ellos en toda Galilea, y echaba fuera los demonios.

—MARCOS 1:39

Y los espíritus inmundos, al verle, se postraban delante de Él, y daban voces, diciendo: "Tú eres el Hijo de Dios".

—MARCOS 3:11

Y estableció a doce, para que estuviesen con Él, y para enviarlos a predicar, y que tuviesen autoridad para sanar enfermedades y para echar fuera demonios.

—MARCOS 3:14–15

Y cuando salió Él de la barca, en seguida vino a su encuentro, de los sepulcros, un hombre con un espíritu inmundo.

—MARCOS 5:2

Y le preguntó: "¿Cómo te llamas?". Y respondió diciendo: "Legión me llamo; porque somos muchos".

—Marcos 5:9

Y luego Jesús les dio permiso. Y saliendo aquellos espíritus inmundos, entraron en los cerdos, los cuales eran como dos mil; y el hato se precipitó en el mar por un despeñadero, y en el mar se ahogaron.

—Marcos 5:13

Vienen a Jesús, y ven al que había sido atormentado del demonio, y que había tenido la legión, sentado, vestido y en su juicio cabal; y tuvieron miedo.

—Marcos 5:15

Al entrar Él en la barca, el que había estado endemoniado le rogaba que le dejase estar con Él. Mas Jesús no se lo permitió, sino que le dijo: "Vete a tu casa, a los tuyos, y cuéntales cuán grandes cosas el Señor ha hecho contigo, y cómo ha tenido misericordia de ti".

—Marcos 5:18–19

Y echaban fuera muchos demonios, y ungían con aceite a muchos enfermos, y los sanaban.

—Marcos 6:13

La mujer era griega, y sirofenicia de nación; y le rogaba que echase fuera de su hija al demonio.

—Marcos 7:26

Entonces le dijo: "Por esta palabra, ve; el demonio ha salido de tu hija".

—Marcos 7:29

Y cuando llegó ella a su casa, halló que el demonio había salido, y a la hija acostada en la cama.

—Marcos 7:30

El cual, dondequiera que le toma, le sacude; y echa espumarajos, y cruje los dientes, y se va secando; y dije a tus discípulos que lo echasen fuera, y no pudieron.

—Marcos 9:18

Y cuando Jesús vio que la multitud se agolpaba, reprendió al espíritu inmundo, diciéndole: "Espíritu mudo y sordo, yo te mando, sal de él, y no entres más en él".

—Marcos 9:25

Cuando Él entró en casa, sus discípulos le preguntaron aparte: "¿Por qué nosotros no pudimos echarle fuera?". Y les dijo: "Este género con nada puede salir, sino con oración y ayuno".

—Marcos 9:28–29

Juan le respondió diciendo: "Maestro, hemos visto a uno que en tu nombre echaba fuera demonios, pero él no nos sigue; y se lo prohibimos, porque no nos seguía". Pero Jesús dijo: "No se lo prohibáis; porque ninguno hay que haga milagro en mi nombre, que luego pueda decir mal de mí".

—Marcos 9:38–39

Habiendo, pues, resucitado Jesús por la mañana, el primer día de la semana, apareció primeramente a María Magdalena, de quien había echado siete demonios.

—Marcos 16:9

Y estas señales seguirán a los que creen: "En mi nombre echarán fuera demonios; hablarán nuevas lenguas".

—Marcos 16:17

Lucas

Como habló por boca de sus santos profetas que fueron desde el principio; salvación de nuestros enemigos, y de la mano de todos los que nos aborrecieron; para hacer misericordia con nuestros padres, y acordarse de su santo pacto.

—Lucas 1:70-72

"El Espíritu del Señor está sobre mí, por cuanto me ha ungido para dar buenas nuevas a los pobres; me ha enviado a sanar a los quebrantados de corazón; a pregonar libertad a los cautivos, y vista a los ciegos; a poner en libertad a los oprimidos".

—Lucas 4:18

Estaba en la sinagoga un hombre que tenía un espíritu de demonio inmundo, el cual exclamó a gran voz.

—Lucas 4:33

Y los que habían sido atormentados de espíritus inmundos eran sanados.

—Lucas 6:18

Y Jesús le reprendió, diciendo: "Cállate, y sal de él". Entonces el demonio, derribándole en medio de ellos, salió de él, y no le hizo daño alguno.

—Lucas 4:35

En esa misma hora sanó a muchos de enfermedades y plagas, y de espíritus malos, y a muchos ciegos les dio la vista.

—Lucas 7:21

Y algunas mujeres que habían sido sanadas de espíritus malos y de enfermedades: María, que se llamaba Magdalena, de la que habían salido siete demonios.

—Lucas 8:2

He aquí os doy potestad de hollar serpientes y escorpiones, y sobre toda fuerza del enemigo, y nada os dañará.

—Lucas 10:19

Y les dijo: "Yo veía a Satanás caer del cielo como un rayo".

—Lucas 10:18

Mas si por el dedo de Dios echo yo fuera los demonios, ciertamente el reino de Dios ha llegado a vosotros.

—Lucas 11:20

Cuando Jesús la vio, la llamó y le dijo: "Mujer, eres libre de tu enfermedad".

—Lucas 13:12

"Y a esta hija de Abraham, que Satanás había atado dieciocho años, ¿no se le debía desatar de esta ligadura en el día de reposo?".

—Lucas 13:16

Y les dijo: "Id, y decid a aquella zorra: 'He aquí, echo fuera demonios y hago curaciones hoy y mañana, y al tercer día termino mi obra'".

—Lucas 13:32

Juan

Así que, si el Hijo os libertare, seréis verdaderamente libres.

—Juan 8:36

Vosotros sois de vuestro padre el diablo, y los deseos de vuestro padre queréis hacer. Él ha sido homicida desde el principio, y no ha permanecido en la verdad, porque no hay verdad en él. Cuando habla mentira, de suyo habla; porque es mentiroso, y padre de mentira.

—Juan 8:44

Y el que había muerto salió, atadas las manos y los pies con vendas, y el rostro envuelto en un sudario. Jesús les dijo: "Desatadle, y dejadle ir".

—Juan 11:44

Hechos

Y aun de las ciudades vecinas muchos venían a Jerusalén, trayendo enfermos y atormentados de espíritus inmundos; y todos eran sanados.

—Hechos 5:16

Pero en la noche un ángel del Señor abrió las puertas de la cárcel y los sacó.

—Hechos 5:19, nvi

Este los sacó, habiendo hecho prodigios y señales en tierra de Egipto, y en el Mar Rojo, y en el desierto por cuarenta años.

—Hechos 7:36

Porque de muchos que tenían espíritus inmundos, salían estos dando grandes voces; y muchos paralíticos y cojos eran sanados.

—Hechos 8:7

Cómo Dios ungió con el Espíritu Santo y con poder a Jesús de Nazaret, y cómo este anduvo haciendo bienes y sanando a todos los oprimidos por el diablo, porque Dios estaba con Él.

—Hechos 10:38

Dijo: "¡Oh, lleno de todo engaño y de toda maldad, hijo del diablo, enemigo de toda justicia! ¿No cesarás de trastornar los caminos rectos del Señor?".

—Hechos 13:10

Aconteció que mientras íbamos a la oración, nos salió al encuentro una muchacha que tenía espíritu de adivinación, la cual daba gran ganancia a sus amos, adivinando. Esta, siguiendo a Pablo y a nosotros, daba voces, diciendo: "Estos hombres son siervos del Dios Altísimo, quienes os anuncian el camino de salvación". Y esto lo hacía por muchos días; mas desagradando a Pablo, este se volvió y dijo al espíritu: "Te mando en el nombre de Jesucristo, que salgas de ella". Y salió en aquella misma hora.

—Hechos 16:16–18

Pero a medianoche, orando Pablo y Silas, cantaban himnos a Dios; y los presos los oían. Entonces sobrevino de repente un gran terremoto, de tal manera que los cimientos de la cárcel se sacudían; y al instante se abrieron todas las puertas, y las cadenas de todos se soltaron.

—Hechos 16:25–26

De tal manera que aún se llevaban a los enfermos los paños o delantales de su cuerpo, y las enfermedades se iban de ellos, y los espíritus malos salían.

—Hechos 19:12

Pero algunos de los judíos, exorcistas ambulantes, intentaron invocar el nombre del Señor Jesús sobre los que tenían espíritus malos, diciendo: "Os conjuro por Jesús, el que predica Pablo". Había siete hijos de un tal Esceva, judío, jefe de los sacerdotes, que hacían esto. Pero respondiendo el espíritu malo, dijo: "A Jesús conozco, y sé quién es Pablo; pero vosotros, ¿quiénes sois?". Y el hombre en quien estaba el espíritu malo, saltando sobre ellos y dominándolos, pudo más que ellos, de tal manera que huyeron de aquella casa desnudos y heridos.

—Hechos 19:13–16

Romanos

Pues no habéis recibido el espíritu de esclavitud para estar otra vez en temor, sino que habéis recibido el espíritu de adopción, por el cual clamamos: "¡Abba, Padre!".

—Romanos 8:15

Y el Dios de paz aplastará en breve a Satanás bajo vuestros pies. La gracia de nuestro Señor Jesucristo sea con vosotros.

—Romanos 16:20

1 Corintios

Limpiaos, pues, de la vieja levadura, para que seáis nueva masa, sin levadura como sois; porque nuestra pascua, que es Cristo, ya fue sacrificada por nosotros.

—1 Corintios 5:7

Antes digo que lo que los gentiles sacrifican, a los demonios lo sacrifican, y no a Dios; y no quiero que vosotros os hagáis partícipes con los demonios.

—1 Corintios 10:20

No podéis beber la copa del Señor, y la copa de los demonios; no podéis participar de la mesa del Señor, y de la mesa de los demonios.

—1 Corintios 10:21

2 Corintios

El cual nos libró, y nos libra, y en quien esperamos que aún nos librará, de tan gran muerte.

—2 Corintios 1:10

Para que Satanás no gane ventaja alguna sobre nosotros; pues no ignoramos sus maquinaciones.

—2 Corintios 2:11

Porque el Señor es el Espíritu; y donde está el Espíritu del Señor, allí hay libertad.

—2 Corintios 3:17

Porque las armas de nuestra milicia no son carnales, sino poderosas en Dios para la destrucción de fortalezas.

—2 Corintios 10:4

Y no es maravilla, porque el mismo Satanás se disfraza como ángel de luz.

—2 Corintios 11:14

Gálatas

El cual se dio a sí mismo por nuestros pecados para librarnos del presente siglo malo, conforme a la voluntad de nuestro Dios y Padre.

—Gálatas 1:4

Cristo nos redimió de la maldición de la ley, hecho por nosotros maldición (porque está escrito: "Maldito todo el que es colgado en un madero").

—Gálatas 3:13

Estad, pues, firmes en la libertad con que Cristo nos hizo libres, y no estéis otra vez sujetos al yugo de esclavitud.

—Gálatas 5:1

Efesios

La cual operó en Cristo, resucitándole de los muertos y sentándole a su diestra en los lugares celestiales, sobre todo principado y autoridad y poder y señorío, y sobre todo nombre que se nombra, no solo en este siglo, sino también en el venidero; y sometió todas las cosas bajo sus pies, y lo dio por cabeza sobre todas las cosas a la Iglesia.

—Efesios 1:20–22

No deis al diablo oportunidad alguna.

—Efesios 4:27, BLP

Vestíos de toda la armadura de Dios, para que podáis estar firmes contra las asechanzas del diablo. Porque no tenemos lucha contra sangre y carne, sino contra principados, contra potestades, contra los gobernadores de las tinieblas de este siglo, contra huestes espirituales de maldad en las regiones celestes. Por tanto, tomad toda la armadura de Dios, para que podáis resistir en el día malo, y habiendo acabado todo, estar firmes.

—Efesios 6:11–13

Colosenses

El cual nos ha librado de la potestad de las tinieblas, y trasladado al Reino de su amado Hijo.

—Colosenses 1:13

Y despojando a los principados y a las potestades, los exhibió públicamente, triunfando sobre ellos en la cruz.

—Colosenses 2:15

2 Tesalonicenses

Y para que seamos librados de hombres perversos y malos; porque no es de todos la fe.

—2 Tesalonicenses 3:2

1 Timoteo

No debe ser un recién convertido, no sea que se vuelva presuntuoso y caiga en la misma condenación en que cayó el diablo.

—1 Timoteo 3:6

Pero el Espíritu dice claramente que en los postreros tiempos algunos apostatarán de la fe, escuchando a espíritus engañadores y a doctrinas de demonios.

—1 Timoteo 4:1

También es necesario que tenga buen testimonio de los de afuera, para que no caiga en descrédito y en lazo del diablo.

—1 Timoteo 3:7

Porque ya algunas se han apartado en pos de Satanás.

—1 Timoteo 5:15

2 Timoteo

Escapen del lazo del diablo, en que están cautivos a voluntad de él.

—2 Timoteo 2:26

Pero el Señor estuvo a mi lado, y me dio fuerzas, para que por mí fuese cumplida la predicación, y que todos los gentiles oyesen. Así fui librado de la boca del león.

—2 Timoteo 4:17

Hebreos

Así que, por cuanto los hijos participaron de carne y sangre, Él también participó de lo mismo, para destruir por medio de la muerte al que tenía el imperio de la muerte, esto es, al diablo.

—Hebreos 2:14

Y librar a todos los que por el temor de la muerte estaban durante toda la vida sujetos a servidumbre.

—Hebreos 2:15

Por la fe pasaron el Mar Rojo como por tierra seca; e intentando los egipcios hacer lo mismo, fueron ahogados.

—Hebreos 11:29

Y haced sendas derechas para vuestros pies, para que lo cojo no se salga del camino, sino que sea sanado.

—Hebreos 12:13

De manera que podemos decir confiadamente: "El Señor es mi ayudador; no temeré lo que me pueda hacer el hombre".

—Hebreos 13:6

Santiago

Tú crees que Dios es uno; bien haces. También los demonios creen, y tiemblan.

—Santiago 2:19

Porque esta sabiduría no es la que desciende de lo alto, sino terrenal, animal, diabólica.

—Santiago 3:15

Porque donde hay celos y contención, allí hay perturbación y toda obra perversa.

—Santiago 3:16

Someteos, pues, a Dios; resistid al diablo, y huirá de vosotros.

—Santiago 4:7

Confesaos vuestras ofensas unos a otros, y orad unos por otros, para que seáis sanados. La oración eficaz del justo puede mucho.

—Santiago 5:16

1 Pedro

Sed sobrios, y velad; porque vuestro adversario el diablo, como león rugiente, anda alrededor buscando a quien devorar; al cual resistid firmes en la fe, sabiendo que los mismos padecimientos se van cumpliendo en vuestros hermanos en todo el mundo.

—1 Pedro 5:8–9

2 Pedro

Y libró al justo Lot, abrumado por la nefanda conducta de los malvados.

—2 Pedro 2:7

Sabe el Señor librar de tentación a los piadosos, y reservar a los injustos para ser castigados en el día del juicio.

—2 Pedro 2:9

1 Juan

El que practica el pecado es del diablo; porque el diablo peca desde el principio. Para esto apareció el Hijo de Dios, para deshacer las obras del diablo.

—1 Juan 3:8

En esto se manifiestan los hijos de Dios, y los hijos del diablo: todo aquel que no hace justicia, y que no ama a su hermano, no es de Dios.

—1 Juan 3:10

En el amor no hay temor, sino que el perfecto amor echa fuera el temor; porque el temor lleva en sí castigo. De donde el que teme, no ha sido perfeccionado en el amor.

—1 Juan 4:18

Apocalipsis

Y de Jesucristo el testigo fiel, el primogénito de los muertos, y el soberano de los reyes de la tierra. Al que nos amó, y nos lavó de nuestros pecados con su sangre.

—Apocalipsis 1:5

El que tiene oído, oiga lo que el Espíritu dice a las iglesias. Al que venciere, le daré a comer del árbol de la vida, el cual está en medio del paraíso de Dios.

—Apocalipsis 2:7

Y escribe al ángel de la iglesia en Esmirna: El primero y el postrero, el que estuvo muerto y vivió.

—Apocalipsis 2:8

El que tiene oído, oiga lo que el Espíritu dice a las iglesias. Al que venciere, daré a comer del maná escondido, y le daré una piedrecita blanca, y en la piedrecita escrito un nombre nuevo, el cual ninguno conoce sino aquel que lo recibe.

—Apocalipsis 2:17

Al que venciere y guardare mis obras hasta el fin, yo le daré autoridad sobre las naciones, y las regirá con vara de hierro, y serán quebradas como vaso de alfarero; como yo también la he recibido de mi Padre; y le daré la estrella de la mañana.

—Apocalipsis 2:26–28

El que venciere será vestido de vestiduras blancas; y no borraré su nombre del libro de la vida, y confesaré su nombre delante de mi Padre, y delante de sus ángeles.

—Apocalipsis 3:5

Al que venciere, yo lo haré columna en el templo de mi Dios, y nunca más saldrá de allí; y escribiré sobre él el nombre de mi Dios, y el nombre de la ciudad de mi Dios, la nueva Jerusalén, la cual desciende del cielo, de mi Dios, y mi nombre nuevo.

—Apocalipsis 3:12

Y ellos le han vencido por medio de la sangre del Cordero y de la palabra del testimonio de ellos, y menospreciaron sus vidas hasta la muerte.

—Apocalipsis 12:11

Pues son espíritus de demonios, que hacen señales, y van a los reyes de la tierra en todo el mundo, para reunirlos a la batalla de aquel gran día del Dios Todopoderoso.

—APOCALIPSIS 16:14

Pelearán contra el Cordero, y el Cordero los vencerá, porque Él es Señor de señores y Rey de reyes; y los que están con Él son llamados y elegidos y fieles.

—APOCALIPSIS 17:14

Y clamó con voz potente, diciendo: "Ha caído, ha caído la gran Babilonia, y se ha hecho habitación de demonios y guarida de todo espíritu inmundo, y albergue de toda ave inmunda y aborrecible".

—APOCALIPSIS 18:2

Y oí otra voz del cielo, que decía: "Salid de ella, pueblo mío, para que no seáis partícipes de sus pecados, ni recibáis parte de sus plagas".

—APOCALIPSIS 18:4

Estaba vestido de una ropa teñida en sangre; y su nombre es: EL VERBO DE DIOS.

—APOCALIPSIS 19:13

Y subieron sobre la anchura de la tierra, y rodearon el campamento de los santos y la ciudad amada; y de Dios descendió fuego del cielo, y los consumió. Y el diablo que los engañaba fue lanzado en el lago de fuego y azufre, donde estaban la bestia y el falso profeta; y serán atormentados día y noche por los siglos de los siglos.

—APOCALIPSIS 20:9–10

En medio de la calle de la ciudad, y a uno y otro lado del río, estaba el árbol de la vida, que produce doce frutos, dando cada mes su fruto; y las hojas del árbol eran para la sanidad de las naciones.

—APOCALIPSIS 22:2

PARTE III

ESCRITURAS DE
SANIDAD

7

POR SUS LLAGAS
SOMOS CURADOS

La sanidad física, emocional y espiritual está disponible para todos los que ponen su confianza en Dios. Es sorprendente que algunos cristianos todavía crean que Dios trae enfermedad sobre su pueblo. Algunos se preguntan: "Señor, ¿por qué permites que esta enfermedad venga sobre mí?". Sienten, o tal vez un líder de iglesia les dijo, que debe aceptar la voluntad de Dios sobre su enfermedad y no recibir sanidad. Esto, sin embargo, no es bíblico. Dios no pone enfermedad sobre su pueblo. Jesús murió para que podamos recibir sanidad. Ciertamente puede haber casos en los que Dios permite la enfermedad, especialmente por rebelión o desobediencia. Pero como pueblo de Dios podemos esperar vivir sanamente y recibir sanidad de todas nuestras enfermedades por lo que Jesús hizo en la cruz.

En esta sección del libro he querido resaltar todos los pasajes de la Biblia que hablan de sanidad. Cuando sabemos lo que Dios dice sobre ella, y somos conscientes de que Dios es fiel a su palabra, podemos creer en sus promesas. La curación sobrenatural es activada por la fe. Sin fe, el poder milagroso de Dios se apaga en nuestra vida. (Ver Mateo 13:58; Marcos 6:5.) "Así que la fe es por el oír, y el oír, por la palabra de Dios" (Ro. 10:17).

Cómo expresa la Biblia la sanidad y la enfermedad

La Biblia utiliza varias palabras del hebreo, del griego y del arameo para revelarnos el poder sanador de Dios. En hebreo, la palabra *rafa*, que se encuentra en Isaías 53:5, se traduce como cura, estar sano, sanar, salud y médico.[1] El Antiguo Testamento también usa las palabras hebreas *marpe* (Mal. 4:2, NVI), que se traduce como sanación, salud, cura, remedio, buena salud y saludable;[2] y *aruka*[3] (Jer. 8:22), que significa restauración de la salud.

El Nuevo Testamento utiliza la palabra griega *therapeuo* (Lc. 4:23–24), que significa sanar.[4] También usa la palabra *diasozo* (Mt. 14:36), cuya raíz es la palabra *sozo*.[5] A menudo se relaciona la palabra *sozo* con salvación, pero cuando se usa la palabra *diasozo*, significa sanar por completo, perfecta e integralmente, y se usa en referencia al cuerpo que está siendo sanado.[6] Es asombroso que esta palabra, comúnmente relacionada con *salvar* o *salvación*, se refiera también a la sanidad y liberación de enfermedades y dolencias.

La palabra hebrea para *enfermo* es *jolî*, que significa aflicción, enfermedad, dolor, dolores, dolencia, enfermo, enfermedad y enfermedades.[7]

Cuando somos salvos, la salvación es total y completa, de adentro hacia afuera, física y espiritualmente, desde lo más alto de nuestra cabeza hasta las plantas de nuestros pies, y se extiende hacia todo lo que nos concierne.

Doce formas bíblicas de sanación

La Biblia nos muestra diversas maneras en las que Dios trae sanidad a su pueblo. No debemos quedarnos estancados bajo un solo método de curación. Dios es todopoderoso y omnisciente. Sus caminos no son los nuestros. Él trabaja en lo visible y en lo invisible, con lo probado y lo que aún no ha sido probado. Hay muchas formas en las que podemos esperar que Dios nos cure, pero primeramente comenzamos con oración y fe, y luego recibimos su sanidad. Las siguiente doce maneras de recibir sanidad las he compilado de mis estudios, pero no debemos ponerle límites a Dios. Él quiere sanarnos y lo hará a su manera y en su debido tiempo.

1. Mediante la imposición de las manos (Lc. 4:40)

La facultad curativa puede fluir a través de la imposición de las manos. Vemos esto en repetidas ocasiones en el ministerio de Jesús y en el de los apóstoles.

2. A través de la liberación (Mt. 8:16)

Los demonios pueden ser la razón por la que muchos albergan enfermedad en sus cuerpos. Pueden tener un espíritu de debilidad (ver Lc. 8:2).

3. Rompiendo las maldiciones generacionales (Gl. 3:13)

La gente es atormentada por espíritus demoníacos generacionales que se manifiestan en la forma de diabetes, presión arterial alta, ciertos padecimientos cardíacos y otras más. Si hay una maldición generacional que está causando enfermedad en su cuerpo, necesitará la liberación para expulsar ese demonio de su vida. Usted tiene la autoridad por el poder de Cristo para decirle al diablo que no pondrá esta enfermedad en su cuerpo. Dígale: "No me importa si mi madre, abuela o bisabuela tuvieron esta enfermedad; la maldición se detiene aquí. La rompo en el nombre de Jesús". ¡Comience a levantarse y a utilizar su autoridad! Diga: "No estoy maldito, soy bendecido. Mi cuerpo es bendecido con sanidad, en el nombre de Jesús".

4. Con el aceite de la unción (Mr. 6:13)

Este aceite representa al Espíritu de Dios y la unción. La unción expulsa la enfermedad y las dolencias de nuestro cuerpo. El aceite de la unción rompe el yugo de la esclavitud (Is. 10:27), y la enfermedad es una forma de esclavitud.

5. Mediante la fe (Mr. 11:23)

Para algunas personas, la enfermedad es como una montaña: siempre está en el medio y les parece imposible de superar. Pero Marcos 11:23 dice que cuando tenemos fe y no dudamos, podemos hablarle a una montaña y esta se moverá. Así que hablémosle a la montaña de la enfermedad. ¡No intentemos subirla! Debemos hablarle a la montaña: "¡Lupus, en este momento te expulso y te echo en el mar!". "¡Cáncer, en este momento te expulso y te echo en el mar!". Pero no dudemos en el corazón. Esta es la razón por la cual debemos cuidar sigilosamente nuestro corazón. No debemos rodearnos de personas que sean vacilantes. Mantengamos nuestro corazón libre de dudas y de incredulidad.

Llegará un momento en que tendremos que hablarle a algunas cosas. Cada vez que una montaña se interponga en nuestro camino, en lugar de dar la vuelta y echar a correr, necesitamos enfrentarla y decir: "¡Quítate!", y así creceremos en la fe. Abramos la boca y hablémosle a la enfermedad. Digamos: "Le ordeno a esta enfermedad que deje mi cuerpo en el nombre de Jesús". Marcos 11:23 dice: si "creyere que será hecho lo que dice". Esto no es siquiera una oración, es simplemente hablar. ¡Debemos hablarle a algunas cosas! Y "lo que diga le será hecho".

6. A través de un toque (Mr. 5:29–30)

Lucas 6:19 dice: "Y toda la gente procuraba tocarle, porque poder salía de Él y sanaba a todos". La adoración es una manera de tocar a Dios y experimentar su poder sanador. Los verdaderos adoradores saben cómo llegar a la presencia de Dios. "Mas la hora viene, y ahora es, cuando los verdaderos adoradores adorarán al Padre en espíritu y en verdad; porque también el Padre tales adoradores busca que le adoren" (Jn. 4:23). ¿Es esta su hora?

7. Con la presencia de Dios (Lc. 5:17)

"El poder del Señor estaba con Él para sanar". La alabanza y la adoración invocan la presencia de Dios para que las personas reciban sanidad. No son una simple preparación para el mensaje.

8. Por medio de la oración (Mt. 21:22)

Santiago 5:16 dice que debemos confesar nuestras faltas y orar los unos por los otros, para que seamos sanados. A veces la sanidad no llega hasta que confesamos nuestras faltas y dejamos que alguien ore por nosotros. A veces la clave es la humildad.

9. Mediante el don de la sanidad (1 Co. 12:9, 28)

Antes de ascender al cielo, Jesús dijo que haríamos obras mayores que las que Él hizo. También dijo que enviaría un Ayudante que nos instruiría y guiaría en estas obras. Fue entonces cuando el Espíritu Santo vino a habitar con nosotros entre los hombres, dándonos la capacidad sobrenatural para llevar a cabo las obras de Cristo. Y su forma de hacerlo es dándonos dones a cada uno de nosotros, para que trabajemos juntos con el fin de ayudar a otros a tener una relación con Dios. Uno de estos dones es el de la sanidad.

> Dios ordenó la jerarquía de la iglesia: "primeramente apóstoles, luego profetas, lo tercero maestros, luego los que hacen milagros, después los que sanan, los que ayudan, los que administran, los que tienen don de lenguas".
>
> —1 Corintios 12:28

10. A través del ayuno (Is. 58:8)

Cuando ayunamos como Él lo desea, Dios dice: "Nacerá tu luz como el alba, y tu salvación se dejará ver pronto; e irá tu justicia delante de ti, y la gloria de Jehová será tu retaguardia". Según este pasaje, recibimos sanidad cuando ayunamos, pero el ayuno también puede servir como medicina preventiva. Dice: "Jehová será tu retaguardia". En otras palabras, la enfermedad no puede alcanzarnos pues Dios tiene cubierta nuestras espaldas. Mientras los demás contraen la gripe porcina, podemos permanecer sanos. Aunque no haya cura para el resfriado común, podemos atravesar la temporada fría con apenas un estornudo.

Hay también momentos en los que lo único que puede funcionar es el sacrificio de privarnos de alimentos; someter nuestra carne al Espíritu vivificador de Dios. Jesús habló de esto en Mateo 17:21 cuando dijo: "Este género no sale sino con oración y ayuno".

11. A través de la palabra profética de Dios para nosotros (Sal. 107:20)

La Biblia dice que Dios "Envió su palabra, y los sanó, y los libró de su ruina" (Sal. 107:20). Sabemos también que la Palabra de Dios no regresa vacía. Cumple con todo lo que fue enviada a cumplir (Is. 55:11). Si Dios nos declara sanidad, entonces ya somos sanos. Jesús dijo que el hombre no solo vivirá de pan, sino de toda palabra que sale de la boca de Dios. Es por ello que libros como este y muchos otros que ayudan a aprender y meditar la Palabra de Dios son tan importantes para recibir sanidad. Declaremos, por la Palabra de Dios: "No moriré, sino que viviré, y contaré las obras de Jehová" (Sal. 118:17). Leamos la Palabra, declaremos la Palabra. Utilicemos las Escrituras de sanidad de este libro. Confiemos en Dios porque su Palabra consumará en nosotros todos los propósitos para los cuales fue enviada.

12. Por medio de paños o ropas curativas (Hch. 19:12)

La unción curativa es transferible; y puede hacerse a través de la ropa, de algo tangible. En mi iglesia, oramos sobre los paños de oración, y muchos han recibido sanidad. Hace años, mientras predicaba en Etiopía, me quité la camisa luego de ministrar y la corté en pequeños pedazos. Repartimos estos pedazos a todos los que estaban presentes, y pudimos saber de muchos testimonios de sanidad. Una persona prendió fuego a uno de los pedazos en casa de su madre enferma, y el humo la sanó. Había estado postrada durante años, y se levantó de su cama curada. Hay muchos países donde no tienen médicos y hospitales como en Estados Unidos, así que solo les queda su fe en Dios; y muchos están realmente desesperados por recibir sanidad. No tienen medicamentos, seguro de salud, Medicaid o Medicare. Así que asisten a los servicios de adoración creyendo que si no consiguen sanidad, en ningún otro lugar lo harán. Tienen muchas expectativas y una enorme fe. Y Dios honra la fe.

Cuando le conocieron los hombres de aquel lugar, enviaron noticia por toda aquella tierra alrededor, y trajeron a Él todos los enfermos; y le rogaban que les dejase tocar solamente el borde de su manto; y todos los que lo tocaron, quedaron sanos.

—MATEO 14:35–36

Y hacía Dios milagros extraordinarios por mano de Pablo, de tal
manera que aún se llevaban a los enfermos los paños o delantales
de su cuerpo, y las enfermedades se iban de ellos, y los espíritus
malos salían.

—Hechos 19:11–12

Ahora que sabemos cómo sucede la sanidad en toda la Biblia, veamos
todos los versículos que podemos reclamar para recibir sanidad, y también la unción curativa para pedir sanidad para los demás.

8

LA SANIDAD EN EL ANTIGUO TESTAMENTO

En el Antiguo Testamento, Dios reveló su poder sanador a través de profetas como Moisés, Elías y Eliseo. Pero también sanó directamente a las personas. Podemos ver ejemplos del poder curativo milagroso de Dios en la vida de Sara (Gn. 18:10, 14; 21:1–3); de Abimelec (Gn. 20:1–8); de Miriam, la profetisa hermana de Moisés (Nm. 12:1–15); de la mujer de Manoah (Jue. 13:2–25); de Ana (1 S. 1:5, 19–20); del rey Jeroboam (1 R. 13:4–6); del hijo de la viuda (1 R. 17:17–24) y con la sunamita (2 R. 4:8–17); de Naamán (2 R. 5:1–14); del rey Ezequías (2 R. 20:1–7; 2 Cr. 32:24–26; Is. 38:1–8); de Job (Job 42:10–17), y del rey Nabucodonosor (Dn. 4:34, 36), y también hay sanidades colectivas y en masa, como en Números 16:46–50; 21:4–9; 2 Samuel 24:10–25.[1]

Al llegar al libro de Isaías, encontramos un tipo profético del ministerio de sanidad de Cristo. El profeta revela que Jesús llevó nuestras dolencias y penas (Is. 53:4). ¿Qué causa tanta tristeza y tanto dolor? Las dolencias y enfermedades. Si no tenemos salud, no podemos disfrutar de las bendiciones y de la plenitud de Dios. Isaías 53 es el capítulo redentor. El versículo 5 dice que fuimos curados por las llagas de Jesús. La Biblia dice que Jesús recibió treinta y nueve azotes en su espalda y cuerpo, y hay treinta y nueve tipos principales de enfermedades y dolencias. Cada llaga que Jesús soportó se encargó de una enfermedad y dolencia diferente.

En Isaías 53:4 se nos dice: "Ciertamente Él cargó con nuestras enfermedades y soportó *nuestros dolores*, pero nosotros lo consideramos herido, golpeado por Dios, y humillado" (itálicas añadidas). El Señor ni siquiera desea que sintamos dolor. Él quiere que seamos curados incluso de los síntomas de las dolencias físicas. Diariamente, la gente gasta millones de dólares para aliviar el dolor: de muelas, de cabeza, de cuello, de oídos, en las articulaciones, de espalda, etcétera; pero Jesús puede sanarnos de todos ellos. Veamos cómo:

Génesis

Pero Dios vino a Abimelec en sueños de noche, y le dijo: "He aquí, muerto eres, a causa de la mujer que has tomado, la cual es casada con marido". Mas Abimelec no se había llegado a ella, y dijo: "Señor, ¿matarás también al inocente? ¿No me dijo él: 'Mi hermana es'; y ella también dijo: 'Es mi hermano'? Con sencillez de mi corazón y con limpieza de mis manos he hecho esto". Y le dijo Dios en sueños: "Yo también sé que con integridad de tu corazón has hecho esto; y yo también te detuve de pecar contra mí, y así no te permití que la tocases. Ahora, pues, devuelve la mujer a su marido; porque es profeta, y orará por ti, y vivirás. Y si no la devolvieres, sabe que de cierto morirás tú, y todos los tuyos".

—Génesis 20:3–7

Éxodo

Y la sangre os será por señal en las casas donde vosotros estéis; y veré la sangre y pasaré de vosotros, y no habrá en vosotros plaga de mortandad cuando hiera la tierra de Egipto.

—Éxodo 12:13

Y dijo: "Si oyeres atentamente la voz de Jehová tu Dios, e hicieres lo recto delante de sus ojos, y dieres oído a sus mandamientos, y guardares todos sus estatutos, ninguna enfermedad de las que envié a los egipcios te enviaré a ti; porque yo soy Jehová tu sanador".

—Éxodo 15:26

Si se levantare y anduviere fuera sobre su báculo, entonces será absuelto el que lo hirió; solamente le satisfará por lo que estuvo sin trabajar, y hará que le curen.

—Éxodo 21:19

Mas a Jehová vuestro Dios serviréis, y Él bendecirá tu pan y tus aguas; y yo quitaré toda enfermedad de en medio de ti.

—Éxodo 23:25

Levítico

Si anduviereis conmigo en oposición, y no me quisiereis oír, yo añadiré sobre vosotros siete veces más plagas según vuestros pecados.

—Levítico 26:21

Números

Entonces Moisés clamó a Jehová, diciendo: Te ruego, oh Dios, que la sanes ahora.

—Números 12:13

Deuteronomio

Y quitará Jehová de ti toda enfermedad; y todas las malas plagas de Egipto, que tú conoces, no las pondrá sobre ti, antes las pondrá sobre todos los que te aborrecieren.

—Deuteronomio 7:15

Si no cuidares de poner por obra todas las palabras de esta ley que están escritas en este libro, temiendo este nombre glorioso y temible: JEHOVÁ TU DIOS, entonces Jehová aumentará maravillosamente tus plagas y las plagas de tu descendencia, plagas grandes y permanentes, y enfermedades malignas y duraderas; y traerá sobre ti todos los males de Egipto, delante de los cuales temiste, y no te dejarán. Asimismo toda enfermedad y toda plaga que no está escrita en el libro de esta ley, Jehová la enviará sobre ti, hasta que seas destruido.

—Deuteronomio 28:58–61

Ved ahora que yo, yo soy, y no hay dioses conmigo; yo hago morir, y yo hago vivir; yo hiero, y yo sano; y no hay quien pueda librar de mi mano.

—Deuteronomio 32:39

Era Moisés de edad de ciento veinte años cuando murió; sus ojos nunca se oscurecieron, ni perdió su vigor.

—Deuteronomio 34:7

2 Reyes

Y Ocozías cayó por la ventana de una sala de la casa que tenía en Samaria; y estando enfermo, envió mensajeros, y les dijo: "Id y consultad a Baal-zebub dios de Ecrón, si he de sanar de esta mi enfermedad". Entonces el ángel de Jehová habló a Elías tisbita, diciendo: "Levántate, y sube a encontrarte con los mensajeros del rey de Samaria, y diles: '¿No hay Dios en Israel, que vais a consultar a Baal-zebub dios de Ecrón?'. Por tanto, así ha dicho Jehová: 'Del lecho en que estás no te levantarás, sino que ciertamente morirás'". Y Elías se fue.

—2 Reyes 1:2–4

Y saliendo él a los manantiales de las aguas, echó dentro la sal, y dijo: "Así ha dicho Jehová: 'Yo sané estas aguas, y no habrá más en ellas muerte ni enfermedad'".

—2 Reyes 2:21

Vuelve, y di a Ezequías, príncipe de mi pueblo: "Así dice Jehová, el Dios de David tu padre: 'Yo he oído tu oración, y he visto tus lágrimas; he aquí que yo te sano; al tercer día subirás a la casa de Jehová'".

—2 Reyes 20:5

2 Crónicas

Si se humillare mi pueblo, sobre el cual mi nombre es invocado, y oraren, y buscaren mi rostro, y se convirtieren de sus malos caminos; entonces yo oiré desde los cielos, y perdonaré sus pecados, y sanaré su tierra.

—2 Crónicas 7:14

En el año treinta y nueve de su reinado, Asa enfermó gravemente de los pies, y en su enfermedad no buscó a Jehová, sino a los médicos.

—2 Crónicas 16:12

Y oyó Jehová a Ezequías, y sanó al pueblo.

—2 Crónicas 30:20

Mas ellos hacían escarnio de los mensajeros de Dios, y menospreciaban sus palabras, burlándose de sus profetas, hasta que subió la ira de Jehová contra su pueblo, y no hubo ya remedio.

—2 Crónicas 36:16

Job

Porque Él es quien hace la llaga, y Él la vendará; Él hiere, y sus manos curan.

—Job 5:18

Detendrá su alma del sepulcro, y su vida de que perezca a espada. También sobre su cama es castigado con dolor fuerte en todos sus huesos, que le hace que su vida aborrezca el pan, y su alma la comida suave. Su carne desfallece, de manera que no se ve, y sus huesos, que antes no se veían, aparecen. Su alma se acerca al sepulcro, y su vida a los que causan la muerte. Si tuviese cerca de él algún elocuente mediador muy escogido, que anuncie al hombre su deber; que le diga que Dios tuvo de él misericordia, que lo libró de descender al sepulcro, que halló redención; su carne será más tierna que la del niño, volverá a los días de su juventud. Orará a Dios, y este le amará, y verá su faz con júbilo; y restaurará al hombre su justicia.

—Job 33:18-26

Salmos

Ten misericordia de mí, oh Jehová, porque estoy enfermo; sáname, oh Jehová, porque mis huesos se estremecen.

—Salmo 6:2

Porque tú salvarás al pueblo afligido, y humillarás los ojos altivos.

—Salmo 18:27

Porque no menospreció ni abominó la aflicción del afligido, ni de él escondió su rostro; sino que cuando clamó a Él, le oyó.

—Salmo 22:24

Mírame, y ten misericordia de mí, porque estoy solo y afligido.

—Salmo 25:16

Mira mi aflicción y mi trabajo, y perdona todos mis pecados.

—Salmo 25:18

Hubiera yo desmayado, si no creyese que veré la bondad de Jehová en la tierra de los vivientes.

—Salmo 27:13

Jehová Dios mío, a ti clamé, y me sanaste.

—Salmo 30:2

Pero yo, cuando ellos enfermaron, me vestí de cilicio; afligí con ayuno mi alma, y mi oración se volvía a mi seno.

—Salmo 35:13

Jehová, no me reprendas en tu furor, ni me castigues en tu ira. Porque tus saetas cayeron sobre mí, y sobre mí ha descendido tu mano. Nada hay sano en mi carne, a causa de tu ira; ni hay paz en mis huesos, a causa de mi pecado.

Porque mis iniquidades se han agravado sobre mi cabeza; como carga pesada se han agravado sobre mí. Hieden y supuran mis llagas, a causa de mi locura. Estoy encorvado, estoy humillado en gran manera, ando enlutado todo el día. Porque mis lomos están llenos de ardor, y nada hay sano en mi carne.

Estoy debilitado y molido en gran manera; gimo a causa de la conmoción de mi corazón. Señor, delante de ti están todos mis deseos, y mi suspiro no te es oculto. Mi corazón está acongojado, me ha dejado mi vigor, y aun la luz de mis ojos me falta ya.

Mis amigos y mis compañeros se mantienen lejos de mi plaga, y mis cercanos se han alejado. Los que buscan mi vida arman lazos, y los que procuran mi mal hablan iniquidades, y meditan fraudes todo el día. Más yo, como si fuera sordo, no oigo; y soy como mudo que no abre la boca. Soy, pues, como un hombre que no oye, y en cuya boca no hay represiones.

Porque en ti, oh Jehová, he esperado; tú responderás, Jehová Dios mío. Dije: "No se alegren de mí; cuando mi pie resbale, no se engrandezcan sobre mí". Pero yo estoy a punto de caer, y mi dolor está delante de mí continuamente. Por tanto, confesaré mi maldad, y me contristaré por mi pecado.

Porque mis enemigos están vivos y fuertes, y se han aumentado los que me aborrecen sin causa. Los que pagan mal por bien me son contrarios, por seguir yo lo bueno. No me desampares, oh Jehová; Dios mío, no te alejes de mí. Apresúrate a ayudarme, oh Señor, mi salvación.

—Salmo 38:1–22

Bienaventurado el que piensa en el pobre; en el día malo lo librará Jehová. Jehová lo guardará, y le dará vida; será bienaventurado en la tierra, y no lo entregarás a la voluntad de sus enemigos. Jehová lo sustentará sobre el lecho del dolor; mullirás toda su cama en su enfermedad. Yo dije: "Jehová, ten misericordia de mí; sana mi alma, porque contra ti he pecado".

—Salmo 41:1–4

¿Por qué te abates, oh alma mía, y por qué te turbas dentro de mí? Espera en Dios; porque aún he de alabarle, Salvación mía y Dios mío.

—Salmo 42:11

¿Por qué te abates, oh alma mía, y por qué te turbas dentro de mí? Espera en Dios; porque aún he de alabarle, Salvación mía y Dios mío.

—Salmo 43:5

Escucha, oh Dios, mi oración, y no te escondas de mi súplica. Está atento, y respóndeme; Clamo en mi oración, y me conmuevo, a causa de la voz del enemigo, por la opresión del impío; porque sobre mí echaron iniquidad, y con furor me persiguen. Mi corazón está dolorido dentro de mí, y terrores de muerte sobre mí han caído. Temor y temblor vinieron sobre mí, y terror me ha cubierto. Y dije: "¡Quién me diese alas como de paloma! Volaría yo, y descansaría. Ciertamente huiría lejos; moraría en el desierto". *Selah*.

—Salmo 55:1–7

Porque has librado mi alma de la muerte, y mis pies de caída, para que ande delante de Dios en la luz de los que viven.

—Salmo 56:13

Hiciste temblar la tierra, la has hendido; sana sus roturas, porque titubea.

—Salmo 60:2

Para que sea conocido en la tierra tu camino, en todas las naciones tu salvación.

—Salmo 67:2

No lo sorprenderá el enemigo, ni hijo de iniquidad lo quebrantará.

—Salmo 89:22

No te sobrevendrá mal, ni plaga tocará tu morada.

—Salmo 91:10

Me invocará, y yo le responderé; con él estaré yo en la angustia; lo libraré y le glorificaré. Lo saciaré de larga vida, y le mostraré mi salvación.

—Salmo 91:15–16

Él es quien perdona todas tus iniquidades, el que sana todas tus dolencias.

—Salmo 103:3

Los sacó con plata y oro; y no hubo en sus tribus enfermo.

—Salmo 105:37

Envió su palabra, y los sanó, y los libró de su ruina.

—Salmo 107:20

Amo a Jehová, pues ha oído mi voz y mis súplicas; porque ha inclinado a mí su oído; por tanto, le invocaré en todos mis días. Me rodearon ligaduras de muerte, me encontraron las angustias del Seol; angustia y dolor había yo hallado.

Entonces invoqué el nombre de Jehová, diciendo: "Oh Jehová, libra ahora mi alma".

Clemente es Jehová, y justo; sí, misericordioso es nuestro Dios. Jehová guarda a los sencillos; estaba yo postrado, y me salvó. Vuelve, oh alma mía, a tu reposo, porque Jehová te ha hecho bien. Pues tú has librado mi alma de la muerte, mis ojos de lágrimas, y mis pies de resbalar. Andaré delante de Jehová en la tierra de los vivientes.

—Salmo 116:1–9

No moriré, sino que viviré, y contaré las obras de Jehová.

—Salmo 118:17

Haz bien a tu siervo; que viva, y guarde tu palabra.

—Salmo 119:17

Afligido estoy en gran manera; vivifícame, oh Jehová, conforme a tu palabra.

—Salmo 119:107

Clamé a ti, oh Jehová; dije: "Tú eres mi esperanza, y mi porción en la tierra de los vivientes".

—Salmo 142:5

El sana a los quebrantados de corazón, y venda sus heridas.

—Salmo 147:3

Proverbios

Porque será medicina a tu cuerpo, y refrigerio para tus huesos.

—Proverbios 3:8

Entonces dará salud a tu cuerpo [tu médula, tus nervios, tus tendones, tus músculos; todas las partes internas] y fortaleza [bienestar físico] a tus huesos.

—Proverbios 3:8, ntv

Son vida a los que las hallan, y medicina a todo su cuerpo.

—Proverbios 4:22

Traen vida a quienes las encuentran y dan salud a todo el cuerpo.

—Proverbios 4:22, ntv

Por tanto, su calamidad vendrá de repente; súbitamente será quebrantado, y no habrá remedio.

—Proverbios 6:15

Hay hombres cuyas palabras son como golpes de espada; mas la lengua de los sabios es medicina.

—Proverbios 12:18

La esperanza que se demora enferma el corazón, Pero el deseo cumplido es árbol de vida.

—Proverbios 13:12, nblh

El mal mensajero acarrea desgracia; mas el mensajero fiel acarrea salud.

—Proverbios 13:17

La paz en el corazón da salud al cuerpo; los celos son como cáncer en los huesos.

—Proverbios 14:30, ntv

Una mirada alegre trae gozo al corazón; las buenas noticias contribuyen a la buena salud.

—Proverbios 15:30, ntv

Panal de miel son los dichos suaves; suavidad al alma y medicina para los huesos.

—Proverbios 16:24

El corazón alegre constituye buen remedio; mas el espíritu triste seca los huesos.

—Proverbios 17:22

El hombre que reprendido endurece la cerviz, de repente será quebrantado, y no habrá para él medicina.

—Proverbios 29:1

Eclesiastés

Tiempo de matar, y tiempo de curar; tiempo de destruir, y tiempo de edificar.

—Eclesiastés 3:3

Isaías

Engruesa el corazón de este pueblo, y agrava sus oídos, y ciega sus ojos, para que no vea con sus ojos, ni oiga con sus oídos, ni su corazón entienda, ni se convierta, y haya para él sanidad.

—Isaías 6:10

Y la luz de la luna será como la luz del sol, y la luz del sol siete veces mayor, como la luz de siete días, el día que vendare Jehová la herida de su pueblo, y curare la llaga que él causó.

—Isaías 30:26

En aquellos días Ezequías enfermó de muerte. Y vino a él el profeta Isaías hijo de Amoz, y le dijo: "Jehová dice así: 'Ordena tu casa, porque morirás, y no vivirás'".

Entonces volvió Ezequías su rostro a la pared, e hizo oración a Jehová, y dijo: "Oh Jehová, te ruego que te acuerdes ahora que he andado delante de ti en verdad y con íntegro corazón, y que he hecho lo que ha sido agradable delante de tus ojos". Y lloró Ezequías con gran lloro.

Entonces vino palabra de Jehová a Isaías, diciendo: "Ve y di a Ezequías: 'Jehová Dios de David tu padre dice así: He oído tu oración, y visto tus lágrimas; he aquí que yo añado a tus días quince años'".

—Isaías 38:1–5

Oh Señor, por todas estas cosas los hombres vivirán, y en todas ellas está la vida de mi espíritu; pues tú me restablecerás, y harás que viva.

—Isaías 38:16

Ciertamente llevó Él nuestras enfermedades, y sufrió nuestros dolores; y nosotros le tuvimos por azotado, por herido de Dios y abatido.

—Isaías 53:4

A pesar de todo esto, Él cargó con nuestras enfermedades y soportó nuestros dolores. Nosotros pensamos que Dios lo había herido y humillado.

—Isaías 53:4, tla

Mas Él herido fue por nuestras rebeliones, molido por nuestros pecados; el castigo de nuestra paz fue sobre Él, y por su llaga fuimos nosotros curados.

—Isaías 53:5

He visto sus caminos; pero le sanaré, y le pastorearé, y le daré consuelo a él y a sus enlutados; produciré fruto de labios: "Paz, paz al que está lejos y al cercano", dijo Jehová; y lo sanaré.

—Isaías 57:18–19

Entonces nacerá tu luz como el alba, y tu salvación se dejará ver pronto; e irá tu justicia delante de ti, y la gloria de Jehová será tu retaguardia.

—Isaías 58:8

Jeremías

Convertíos, hijos rebeldes, y sanaré vuestras rebeliones. He aquí nosotros venimos a ti, porque tú eres Jehová nuestro Dios.

—Jeremías 3:22

Y curan la herida de mi pueblo con liviandad, diciendo: "Paz, paz; y no hay paz".

—Jeremías 6:14

Y curaron la herida de la hija de mi pueblo con liviandad, diciendo: "Paz, paz; y no hay paz".

—Jeremías 8:11

Esperamos paz, y no hubo bien; día de curación, y he aquí turbación.

—Jeremías 8:15

¿No hay bálsamo en Galaad? ¿No hay allí médico? ¿Por qué, pues, no hubo medicina para la hija de mi pueblo?

—Jeremías 8:22

¿Has desechado enteramente a Judá? ¿Ha aborrecido tu alma a Sion? ¿Por qué nos hiciste herir sin que haya remedio? Esperamos paz, y no hubo bien; tiempo de curación, y he aquí turbación.

—Jeremías 14:19

¿Por qué fue perpetuo mi dolor, y mi herida desahuciada no admitió curación? ¿Serás para mí como cosa ilusoria, como aguas que no son estables?

—Jeremías 15:18

Sáname, oh Jehová, y seré sano; sálvame, y seré salvo; porque tú eres mi alabanza.

—Jeremías 17:14

No hay quien juzgue tu causa para sanarte; no hay para ti medicamentos eficaces.

—Jeremías 30:13

Mas yo haré venir sanidad para ti, y sanaré tus heridas, dice Jehová; porque desechada te llamaron, diciendo: "Esta es Sion, de la que nadie se acuerda".

—Jeremías 30:17

He aquí que yo les traeré sanidad y medicina; y los curaré, y les revelaré abundancia de paz y de verdad.

—Jeremías 33:6

Ezequiel

No fortalecisteis las débiles, ni curasteis la enferma; no vendasteis la perniquebrada, no volvisteis al redil la descarriada, ni buscasteis la perdida, sino que os habéis enseñoreado de ellas con dureza y con violencia.

—Ezequiel 34:4

Y me dijo: "Estas aguas salen a la región del oriente, y descenderán al Arabá, y entrarán en el mar; y entradas en el mar, recibirán sanidad las aguas".

—Ezequiel 47:8

Y toda alma viviente que nadare por dondequiera que entraren estos dos ríos, vivirá; y habrá muchísimos peces por haber entrado allá estas aguas, y recibirán sanidad; y vivirá todo lo que entrare en este río.

—Ezequiel 47:9

Sus pantanos y sus lagunas no se sanearán; quedarán para salinas. Y junto al río, en la ribera, a uno y otro lado, crecerá toda clase de árboles frutales; sus hojas nunca caerán, ni faltará su fruto. A su tiempo madurará, porque sus aguas salen del santuario; y su fruto será para comer, y su hoja para medicina.

—Ezequiel 47:11–12

Joel

Y os restituiré los años que comió la oruga, el saltón, el revoltón y la langosta, mi gran ejército que envié contra vosotros.

—Joel 2:25

Malaquías

Mas a vosotros los que teméis mi nombre, nacerá el Sol de justicia, y en sus alas traerá salvación; y saldréis, y saltaréis como becerros de la manada.

—Malaquías 4:2

9

LA SANIDAD EN EL NUEVO TESTAMENTO

En el Nuevo Testamento ya no estamos lidiando con símbolos y tipos. La venida de Jesús a la tierra significó el cumplimiento del pacto que Dios había establecido con el hombre. Él restauró nuestra capacidad de acudir directamente a Dios cuando lo necesitamos. Ya no es necesario buscar un profeta, rey o líder para recibir algo de parte de Dios. Lo primero que debemos hacer es aceptar el sacrificio de Jesús en la cruz por fe y luego tenemos la seguridad del perdón. Nuestro derecho de acceder a las promesas del pacto ha sido restaurado de una vez y para siempre.

Junto con el cumplimiento del pacto, Jesús vino a demostrar el amor de Dios hacia la humanidad, así como la verdadera naturaleza del Espíritu de Dios. Vino a enseñarnos que donde está la presencia y la gloria del Padre, no puede existir el pecado o la enfermedad. Si el Espíritu de Dios habita en nosotros, ya no tenemos que soportar la opresión del enemigo en cualquiera de sus formas, incluyendo las dolencias y enfermedades. Esto es lo que encontramos cuando leemos el Nuevo Testamento, la revelación del Espíritu de Dios bajo la luz del nuevo pacto que Él hizo con el hombre. Y con ese nuevo pacto viene la sanidad de todas nuestras enfermedades.

La sanidad y el mensaje del Reino

Dondequiera que Jesús predicaba el mensaje del Reino, la gente era sanada. Jesús nos presentó una nueva era: la era del Reino. Y en ella, ya no tenemos que cargar con las enfermedades, quebrantos o atropellos del diablo. ¡Esta es la buena noticia que Jesús vino a traer! De esto es que trata el Nuevo Testamento y el nuevo pacto. No tenemos que permanecer en la enfermedad, la aflicción, la pobreza o la confusión. Los padecimientos y las enfermedades son obras del diablo. Jesús vino a la tierra y, "despojando a los principados y a las potestades, los exhibió públicamente, triunfando sobre ellos en la cruz" (Col. 2:15).

La sanidad es uno de los beneficios de pertenecer al Reino, y cuando estamos en alianza con Dios por medio de la fe en Cristo, podemos esperar recibirla. Marcos 16:17–18 dice: "Y estas señales seguirán a los que creen: En mi nombre echarán fuera demonios; hablarán nuevas lenguas; tomarán en las manos serpientes, y si bebieren cosa mortífera, no les hará daño; sobre los enfermos pondrán sus manos, y sanarán". Así que como ciudadanos del Reino, no solo debemos esperar recibir sanidad, sino saber que hemos sido comisionados para sanar a los que nos rodean. Practiquemos el estilo de vida del Reino.

No hay dolencia o enfermedad que Jesús no pueda sanar

La enfermedad física es una de las peores cosas que le puede ocurrir a una persona, y como leemos en el Antiguo Testamento, Jesús conoce nuestras penas y dolores. La compasión que lo impulsa a sanarnos proviene de saber lo que sufrimos como seres humanos. Jesús se preocupa por la gente. Él no tuvo ningún problema en romper leyes y tradiciones religiosas humanas para sanar a muchos, pues sentía gran compasión por aquellos que acudían a Él. No podía permitir que los fariseos ni ningún líder político de su época o de la nuestra, se interpusiera entre la gente y la sanidad.

La Biblia dice en Mateo 9:36 que cuando Jesús vio "las multitudes, tuvo compasión de ellas; porque estaban desamparadas y dispersas como ovejas que no tienen pastor". No es el plan de Dios que estemos heridos y suframos. Los escritos del Nuevo Testamento revelan su plan de liberación de las enfermedades, padecimientos, dolencias, síndromes y aflicciones.

Los siguientes pasajes demuestran que cuando Jesús estuvo en esta tierra, no hubo nada que no pudiera sanar. Y cuando se fue, envió al Espíritu Santo a obrar en nosotros para que experimentáramos la plenitud de la salvación que Él nos entregó en la cruz. Una vez más, la lectura de estos versículos nos ayudará a tener confianza en que lo que era bueno para la gente de entonces es bueno para nosotros hoy. Debemos tener fe en que Jesús es el mismo ayer, hoy y por los siglos (Heb. 13:8). Dios no cambia (Mal. 3:6). No hay sombra de variación en Él (Stg. 1:17). Y como Dios es fiel, podemos confiar en que si sanó a los enfermos de su época, nos sanará a nosotros.

Mateo 4:23 dice que "recorrió Jesús toda Galilea, enseñando en las sinagogas de ellos, y predicando el evangelio del Reino, y *sanando toda enfermedad y toda dolencia* en el pueblo" (itálicas añadidas). Jesús sanó toda enfermedad y padecimiento que llevaban ante Él, sin excepción. No hay nada imposible para Él. No dejemos que el diablo o ningún médico nos diga que tenemos algo incurable. Puede ser incurable para los médicos, pero no para Dios.

> Y cuando llegó la noche, trajeron a él muchos endemoniados; y con la Palabra echó fuera a los demonios, y sanó a todos los enfermos.
>
> —Mateo 8:16

El ministerio de sanidad de Jesús fue solo el comienzo, pues comisionó a sus discípulos para que hicieran obras aún mayores de las que Él hizo:

> De cierto, de cierto os digo: El que en mí cree, las obras que yo hago, él las hará también; y aún mayores hará, porque yo voy al Padre.
>
> —Juan 14:12

Veremos ahora Escrituras de sanidad, comenzando con el ministerio de Cristo, luego el ministerio de los discípulos a través del poder del Espíritu Santo, y finalmente veremos algunos versículos donde somos llamados y ungidos a cumplir nuestro ministerio. Estas Escrituras son la base de la fe para experimentar la sanidad en nuestras vidas y en las vidas de aquellos a quienes ministramos.

Mateo

Y recorrió Jesús toda Galilea, enseñando en las sinagogas de ellos, y predicando el evangelio del reino, y sanando toda enfermedad y toda dolencia en el pueblo.

—MATEO 4:23

Y se difundió su fama por toda Siria; y le trajeron todos los que tenían dolencias, los afligidos por diversas enfermedades y tormentos, los endemoniados, lunáticos y paralíticos; y los sanó.

—MATEO 4:24

Y he aquí vino un leproso y se postró ante Él, diciendo: "Señor, si quieres, puedes limpiarme". Jesús extendió la mano y le tocó, diciendo: "Quiero; sé limpio". Y al instante su lepra desapareció.

—MATEO 8:2–3

Y Jesús le dijo: "Yo iré y le sanaré".

—MATEO 8:7

Respondió el centurión y dijo: "Señor, no soy digno de que entres bajo mi techo; solamente di la palabra, y mi criado sanará".

—MATEO 8:8

Entonces Jesús dijo al centurión: "Ve, y como creíste, te sea hecho". Y su criado fue sanado en aquella misma hora.

—MATEO 8:13

Y cuando llegó la noche, trajeron a Él muchos endemoniados; y con la palabra echó fuera a los demonios, y sanó a todos los enfermos;

para que se cumpliese lo dicho por el profeta Isaías, cuando dijo: "Él mismo tomó nuestras enfermedades, y llevó nuestras dolencias".

—Mateo 8:16–17

Y sucedió que le trajeron un paralítico, tendido sobre una cama; y al ver Jesús la fe de ellos, dijo al paralítico: "Ten ánimo, hijo; tus pecados te son perdonados".

—Mateo 9:2

Pues para que sepáis que el Hijo del Hombre tiene potestad en la tierra para perdonar pecados (dice entonces al paralítico): "Levántate, toma tu cama, y vete a tu casa".

—Mateo 9:6

Al oír esto Jesús, les dijo: Los sanos no tienen necesidad de médico, sino los enfermos.

—Mateo 9:12

Pero Jesús, volviéndose y mirándola, dijo: "Ten ánimo, hija; tu fe te ha salvado". Y la mujer fue salva desde aquella hora.

—Mateo 9:22

Recorría Jesús todas las ciudades y aldeas, enseñando en las sinagogas de ellos, y predicando el evangelio del reino, y sanando toda enfermedad y toda dolencia en el pueblo.

—Mateo 9:35

Entonces llamando a sus doce discípulos, les dio autoridad sobre los espíritus inmundos, para que los echasen fuera, y para sanar toda enfermedad y toda dolencia.

—Mateo 10:1

Sanad enfermos, limpiad leprosos, resucitad muertos, echad fuera demonios; de gracia recibisteis, dad de gracia.

—Mateo 10:8

Respondiendo Jesús, les dijo: "Id, y haced saber a Juan las cosas que oís y veis. Los ciegos ven, los cojos andan, los leprosos son limpiados, los sordos oyen, los muertos son resucitados, y a los pobres es anunciado el evangelio; y bienaventurado es el que no halle tropiezo en mí".

—Mateo 11:4-6

Y he aquí había allí uno que tenía seca una mano; y preguntaron a Jesús, para poder acusarle: "¿Es lícito sanar en el día de reposo?".

—Mateo 12:10

Sabiendo esto Jesús, se apartó de allí; y le siguió mucha gente, y sanaba a todos.

—Mateo 12:15

Entonces fue traído a Él un endemoniado, ciego y mudo; y le sanó, de tal manera que el ciego y mudo veía y hablaba.

—Mateo 12:22

Porque el corazón de este pueblo se ha engrosado, y con los oídos oyen pesadamente, y han cerrado sus ojos; para que no vean con los ojos, y oigan con los oídos, y con el corazón entiendan, y se conviertan, y yo los sane.

—Mateo 13:15

Y saliendo Jesús, vio una gran multitud, y tuvo compasión de ellos, y sanó a los que de ellos estaban enfermos.

—Mateo 14:14

Cuando le conocieron los hombres de aquel lugar, enviaron noticia por toda aquella tierra alrededor, y trajeron a Él todos los enfermos; y le rogaban que les dejase tocar solamente el borde de su manto; y todos los que lo tocaron, quedaron sanos.

—Mateo 14:35-36

Entonces respondiendo Jesús, dijo: "Oh mujer, grande es tu fe; hágase contigo como quieres". Y su hija fue sanada desde aquella hora.

—MATEO 15:28

Y se le acercó mucha gente que traía consigo a cojos, ciegos, mudos, mancos, y otros muchos enfermos; y los pusieron a los pies de Jesús, y los sanó.

—MATEO 15:30

Y reprendió Jesús al demonio, el cual salió del muchacho, y este quedó sano desde aquella hora.

—MATEO 17:18

Jesús les dijo: "Por vuestra poca fe; porque de cierto os digo, que si tuviereis fe como un grano de mostaza, diréis a este monte: 'Pásate de aquí allá, y se pasará; y nada os será imposible'".

—MATEO 17:20

Y le siguieron grandes multitudes, y los sanó allí.

—MATEO 19:2

Y mirándolos Jesús, les dijo: "Para los hombres esto es imposible; mas para Dios todo es posible".

—MATEO 19:26

Y dos ciegos que estaban sentados junto al camino, cuando oyeron que Jesús pasaba, clamaron, diciendo: "¡Señor, Hijo de David, ten misericordia de nosotros!". Y la gente les reprendió para que callasen; pero ellos clamaban más, diciendo: "¡Señor, Hijo de David, ten misericordia de nosotros!". Y deteniéndose Jesús, los llamó, y les dijo: "¿Qué queréis que os haga?". Ellos le dijeron: "Señor, que sean abiertos nuestros ojos". Entonces Jesús, compadecido, les tocó los ojos, y en seguida recibieron la vista; y le siguieron.

—MATEO 20:30–34

Y vinieron a Él en el templo, ciegos y cojos, y los sanó.

—Mateo 21:14

Marcos

Y la suegra de Simón estaba acostada con fiebre; y en seguida le hablaron de ella. Entonces Él se acercó, y la tomó de la mano y la levantó; e inmediatamente le dejó la fiebre, y ella les servía. Cuando llegó la noche, luego que el sol se puso, le trajeron todos los que tenían enfermedades, y a los endemoniados; y toda la ciudad se agolpó a la puerta. Y sanó a muchos que estaban enfermos de diversas enfermedades, y echó fuera muchos demonios.

—Marcos 1:30–34

Y como no podían acercarse a Él a causa de la multitud, descubrieron el techo de donde estaba, y haciendo una abertura, bajaron el lecho en que yacía el paralítico. Al ver Jesús la fe de ellos, dijo al paralítico: "Hijo, tus pecados te son perdonados".

—Marcos 2:4–5

Y le acechaban para ver si en el día de reposo le sanaría, a fin de poder acusarle.

—Marcos 3:2

Porque había sanado a muchos; de manera que por tocarle, cuantos tenían plagas caían sobre Él.

—Marcos 3:10

Y que tuviesen autoridad para sanar enfermedades y para echar fuera demonios.

—Marcos 3:15

Y le rogaba mucho, diciendo: "Mi hija está agonizando; ven y pon las manos sobre ella para que sea salva, y vivirá".

—Marcos 5:23

Pero una mujer que desde hacía doce años padecía de flujo de sangre, y había sufrido mucho de muchos médicos, y gastado todo lo que tenía, y nada había aprovechado, antes le iba peor, cuando oyó hablar de Jesús, vino por detrás entre la multitud, y tocó su manto. Porque decía: "Si tocare tan solamente su manto, seré salva". Y en seguida la fuente de su sangre se secó; y sintió en el cuerpo que estaba sana de aquel azote.

—Marcos 5:25–29

Y no pudo hacer allí ningún milagro, salvo que sanó a unos pocos enfermos, poniendo sobre ellos las manos.

—Marcos 6:5

Y echaban fuera muchos demonios, y ungían con aceite a muchos enfermos, y los sanaban.

—Marcos 6:13

Y saliendo ellos de la barca, en seguida la gente le conoció. Y recorriendo toda la tierra de alrededor, comenzaron a traer de todas partes enfermos en lechos, a donde oían que estaba. Y dondequiera que entraba, en aldeas, ciudades o campos, ponían en las calles a los que estaban enfermos, y le rogaban que les dejase tocar siquiera el borde de su manto; y todos los que le tocaban quedaban sanos.

—Marcos 6:54–56

Entonces Jesús, mirándolos, dijo: "Para los hombres es imposible, mas para Dios, no; porque todas las cosas son posibles para Dios".

—Marcos 10:27

Porque de cierto os digo que cualquiera que dijere a este monte: "Quítate y échate en el mar", y no dudare en su corazón, sino creyere que será hecho lo que dice, lo que diga le será hecho. Por tanto, os digo que todo lo que pidiereis orando, creed que lo recibiréis, y os vendrá.

—Marcos 11:23–24

Tomarán en las manos serpientes, y si bebieren cosa mortífera, no les hará daño; sobre los enfermos pondrán sus manos, y sanarán.

—Marcos 16:18

Lucas

Porque nada hay imposible para Dios.

—Lucas 1:37

El Espíritu del Señor está sobre mí, por cuanto me ha ungido para dar buenas nuevas a los pobres; me ha enviado a sanar a los quebrantados de corazón; a pregonar libertad a los cautivos, y vista a los ciegos; a poner en libertad a los oprimidos.

—Lucas 4:18

Él les dijo: "Sin duda me diréis este refrán: 'Médico, cúrate a ti mismo; de tantas cosas que hemos oído que se han hecho en Capernaúm, haz también aquí en tu tierra'".

—Lucas 4:23

Al ponerse el sol, todos los que tenían enfermos de diversas enfermedades los traían a Él; y Él, poniendo las manos sobre cada uno de ellos, los sanaba.

—Lucas 4:40

Pero su fama se extendía más y más; y se reunía mucha gente para oírle, y para que les sanase de sus enfermedades.

—Lucas 5:15

Aconteció un día, que Él estaba enseñando, y estaban sentados los fariseos y doctores de la ley, los cuales habían venido de todas las aldeas de Galilea, y de Judea y Jerusalén; y el poder del Señor estaba con Él para sanar.

—Lucas 5:17

Y le acechaban los escribas y los fariseos, para ver si en el día de reposo lo sanaría, a fin de hallar de qué acusarle.

—Lucas 6:7

Y descendió con ellos, y se detuvo en un lugar llano, en compañía de sus discípulos y de una gran multitud de gente de toda Judea, de Jerusalén y de la costa de Tiro y de Sidón, que había venido para oírle, y para ser sanados de sus enfermedades; y los que habían sido atormentados de espíritus inmundos eran sanados.

—Lucas 6:17–18

Y toda la gente procuraba tocarle, porque poder salía de Él y sanaba a todos.

—Lucas 6:19

Cuando el centurión oyó hablar de Jesús, le envió unos ancianos de los judíos, rogándole que viniese y sanase a su siervo.

—Lucas 7:3

Por lo que ni aun me tuve por digno de venir a ti; pero di la palabra, y mi siervo será sano.

—Lucas 7:7

Cuando llegó cerca de la puerta de la ciudad, he aquí que llevaban a enterrar a un difunto, hijo único de su madre, la cual era viuda; y había con ella mucha gente de la ciudad. Y cuando el Señor la vio, se compadeció de ella, y le dijo: "No llores". Y acercándose, tocó el féretro; y los que lo llevaban se detuvieron. Y dijo: "Joven, a ti te digo, levántate". Entonces se incorporó el que había muerto, y comenzó a hablar. Y lo dio a su madre.

—Lucas 7:12–15

En esa misma hora sanó a muchos de enfermedades y plagas, y de espíritus malos, y a muchos ciegos les dio la vista.

—Lucas 7:21

Y algunas mujeres que habían sido sanadas de espíritus malos y de enfermedades: María, que se llamaba Magdalena, de la que habían salido siete demonios.

—Lucas 8:2

Y los que lo habían visto, les contaron cómo había sido salvado el endemoniado.

—Lucas 8:36

Pero una mujer que padecía de flujo de sangre desde hacía doce años, y que había gastado en médicos todo cuanto tenía, y por ninguno había podido ser curada, se le acercó por detrás y tocó el borde de su manto; y al instante se detuvo el flujo de su sangre.

—Lucas 8:43–44

Entonces, cuando la mujer vio que no había quedado oculta, vino temblando, y postrándose a sus pies, le declaró delante de todo el pueblo por qué causa le había tocado, y cómo al instante había sido sanada.

—Lucas 8:47

Habiendo reunido a sus doce discípulos, les dio poder y autoridad sobre todos los demonios, y para sanar enfermedades. Y los envió a predicar el reino de Dios, y a sanar a los enfermos.

—Lucas 9:1–2

Y saliendo, pasaban por todas las aldeas, anunciando el evangelio y sanando por todas partes.

—Lucas 9:6

Y cuando la gente lo supo, le siguió; y Él les recibió, y les hablaba del reino de Dios, y sanaba a los que necesitaban ser curados.

—Lucas 9:11

Y mientras se acercaba el muchacho, el demonio le derribó y le sacudió con violencia; pero Jesús reprendió al espíritu inmundo, y sanó al muchacho, y se lo devolvió a su padre.

—Lucas 9:42

Y sanad a los enfermos que en ella haya, y decidles: "Se ha acercado a vosotros el reino de Dios".

—Lucas 10:9

Y acercándose, vendó sus heridas, echándoles aceite y vino; y poniéndole en su cabalgadura, lo llevó al mesón, y cuidó de él.

—Lucas 10:34

Y había allí una mujer que desde hacía dieciocho años tenía espíritu de enfermedad, y andaba encorvada, y en ninguna manera se podía enderezar. Cuando Jesús la vio, la llamó y le dijo: "Mujer, eres libre de tu enfermedad". Y puso las manos sobre ella; y ella se enderezó luego, y glorificaba a Dios. Pero el principal de la sinagoga, enojado de que Jesús hubiese sanado en el día de reposo, dijo a la gente: "Seis días hay en que se debe trabajar; en estos, pues, venid y sed sanados, y no en día de reposo".

—Lucas 13:11–14

Y les dijo: "Id, y decid a aquella zorra: 'He aquí, echo fuera demonios y hago curaciones hoy y mañana, y al tercer día termino mi obra'".

—Lucas 13:32

Entonces Jesús habló a los intérpretes de la ley y a los fariseos, diciendo: "¿Es lícito sanar en el día de reposo?".

—Lucas 14:3

Mas ellos callaron. Y Él, tomándole, le sanó, y le despidió.

—Lucas 14:4

Yendo Jesús a Jerusalén, pasaba entre Samaria y Galilea. Y al entrar en una aldea, le salieron al encuentro diez hombres leprosos, los cuales se pararon de lejos y alzaron la voz, diciendo: "¡Jesús, Maestro, ten misericordia de nosotros!". Cuando Él los vio, les dijo: "Id, mostraos a los sacerdotes". Y aconteció que mientras iban, fueron limpiados. Entonces uno de ellos, viendo que había sido sanado, volvió, glorificando a Dios a gran voz, y se postró rostro en tierra a sus pies, dándole gracias; y este era samaritano. Respondiendo Jesús, dijo: "¿No son diez los que fueron limpiados? Y los nueve, ¿dónde están?".

—Lucas 17:11–17

Él les dijo: "Lo que es imposible para los hombres, es posible para Dios".

—Lucas 18:27

Entonces respondiendo Jesús, dijo: "Basta ya; dejad". Y tocando su oreja, le sanó.

—Lucas 22:51

Juan

Vino, pues, Jesús otra vez a Caná de Galilea, donde había convertido el agua en vino. Y había en Capernaúm un oficial del rey, cuyo hijo estaba enfermo. Este, cuando oyó que Jesús había llegado de Judea a Galilea, vino a Él y le rogó que descendiese y sanase a su hijo, que estaba a punto de morir. Entonces Jesús le dijo: "Si no viereis señales y prodigios, no creeréis". El oficial del rey le dijo: "Señor, desciende antes que mi hijo muera". Jesús le dijo: "Ve, tu hijo vive". Y el hombre creyó la palabra que Jesús le dijo, y se fue. Cuando ya Él descendía, sus siervos salieron a recibirle, y le dieron nuevas, diciendo: "Tu hijo vive". Entonces él les preguntó a qué hora había comenzado a estar mejor. Y le dijeron: "Ayer a las siete le dejó la fiebre".

—Juan 4:46–52

En estos yacía una multitud de enfermos, ciegos, cojos y paralíticos, que esperaban el movimiento del agua. Porque un ángel descendía de tiempo en tiempo al estanque, y agitaba el agua; y el que primero descendía al estanque después del movimiento del agua, quedaba sano de cualquier enfermedad que tuviese. Y había allí un hombre que hacía treinta y ocho años que estaba enfermo. Cuando Jesús lo vio acostado, y supo que llevaba ya mucho tiempo así, le dijo: "¿Quieres ser sano?". "Señor —le respondió el enfermo—, no tengo quien me meta en el estanque cuando se agita el agua; y entre tanto que yo voy, otro desciende antes que yo". Jesús le dijo: "Levántate, toma tu lecho, y anda". Y al instante aquel hombre fue sanado, y tomó su lecho, y anduvo.

—Juan 5:3–9

Entonces los judíos dijeron a aquel que había sido sanado: "Es día de reposo; no te es lícito llevar tu lecho".

—Juan 5:10

Y el que había sido sanado no sabía quién fuese, porque Jesús se había apartado de la gente que estaba en aquel lugar.

—Juan 5:13

El ladrón no viene sino para hurtar y matar y destruir; yo he venido para que tengan vida, y para que la tengan en abundancia.

—Juan 10:10

Cegó los ojos de ellos, y endureció su corazón; para que no vean con los ojos, y entiendan con el corazón, y se conviertan, y yo los sane.

—Juan 12:40

Hechos

Mas Pedro dijo: "No tengo plata ni oro, pero lo que tengo te doy; en el nombre de Jesucristo de Nazaret, levántate y anda". Y tomándole por la mano derecha le levantó; y al momento se le afirmaron los pies y tobillos; y saltando, se puso en pie y anduvo; y entró con ellos en el templo, andando, y saltando, y alabando a Dios. Y todo el pueblo le vio andar y alabar a Dios.

—Hechos 3:6–9

Y teniendo asidos a Pedro y a Juan el cojo que había sido sanado, todo el pueblo, atónito, concurrió a ellos al pórtico que se llama de Salomón.

—Hechos 3:11

Y viendo al hombre que había sido sanado, que estaba en pie con ellos, no podían decir nada en contra.

—Hechos 4:14

El hombre en quien se había hecho este milagro de sanidad, tenía más de cuarenta años.

—Hechos 4:22

Extiendes tu mano para que se hagan sanidades y señales y prodigios mediante el nombre de tu santo Hijo Jesús.

—Hechos 4:30

Sacaban los enfermos a las calles, y los ponían en camas y lechos, para que al pasar Pedro, a lo menos su sombra cayese sobre alguno de ellos. Y aun de las ciudades vecinas muchos venían a Jerusalén, trayendo enfermos y atormentados de espíritus inmundos; y todos eran sanados.

— Hechos 5:15–16

Porque de muchos que tenían espíritus inmundos, salían estos dando grandes voces; y muchos paralíticos y cojos eran sanados.

—Hechos 8:7

Aconteció que Pedro, visitando a todos, vino también a los santos que habitaban en Lida. Y halló allí a uno que se llamaba Eneas, que hacía ocho años que estaba en cama, pues era paralítico. Y le dijo Pedro: "Eneas, Jesucristo te sana; levántate, y haz tu cama. Y en seguida se levantó".

—Hechos 9:32–34

Había entonces en Jope una discípula llamada Tabita, que traducido quiere decir, Dorcas. Esta abundaba en buenas obras y en limosnas que hacía. Y aconteció que en aquellos días enfermó y murió. Después de lavada, la pusieron en una sala. Y como Lida estaba cerca de Jope, los discípulos, oyendo que Pedro estaba allí, le enviaron dos hombres, a rogarle: "No tardes en venir a nosotros". Levantándose entonces Pedro, fue con ellos; y cuando llegó, le llevaron a la sala, donde le rodearon todas las viudas, llorando y mostrando las túnicas y los vestidos que Dorcas hacía cuando estaba con ellas. Entonces, sacando a todos, Pedro se puso de rodillas y oró; y volviéndose al cuerpo, dijo: "Tabita, levántate. Y ella abrió los ojos, y al ver a Pedro, se incorporó".

—Hechos 9:36–40

Como Dios ungió con el Espíritu Santo y con poder a Jesús de Nazaret, y como este anduvo haciendo bienes y sanando a todos los oprimidos por el diablo, porque Dios estaba con él.

—Hechos 10:38

Este oyó hablar a Pablo, el cual, fijando en él sus ojos, y viendo que tenía fe para ser sanado.

—Hechos 14:9

Y hacía Dios milagros extraordinarios por mano de Pablo, de tal manera que aún se llevaban a los enfermos los paños o delantales de su cuerpo, y las enfermedades se iban de ellos, y los espíritus malos salían.

—Hechos 19:11–12

Por tanto, os ruego que comáis por vuestra salud; pues ni aun un cabello de la cabeza de ninguno de vosotros perecerá.

—Hechos 27:34

En aquellos lugares había propiedades del hombre principal de la isla, llamado Publio, quien nos recibió y hospedó solícitamente tres días. Y aconteció que el padre de Publio estaba en cama, enfermo de fiebre y de disentería; y entró Pablo a verle, y después de haber orado, le impuso las manos, y le sanó. Hecho esto, también los otros que en la isla tenían enfermedades, venían, y eran sanados.

—Hechos 28:7–9

Porque el corazón de este pueblo se ha engrosado, y con los oídos oyeron pesadamente, y sus ojos han cerrado, para que no vean con los ojos, y oigan con los oídos, y entiendan de corazón, y se conviertan, y yo los sane.

—Hechos 28:27

Romanos

Porque con el corazón se cree para justicia; mas con la boca se hace confesión para salud.

—Romanos 10:10, rva

Porque irrevocables son los dones y el llamamiento de Dios. Pues como vosotros también en otro tiempo erais desobedientes a Dios, pero ahora habéis alcanzado misericordia por la desobediencia de ellos, así también éstos ahora han sido desobedientes, para que por la misericordia concedida a vosotros, ellos también alcancen misericordia.

—Romanos 11:29–31

1 Corintios

A otro, fe por el mismo Espíritu; y a otro, dones de sanidades por el mismo Espíritu.

—1 Corintios 12:9

Y a unos puso Dios en la iglesia, primeramente apóstoles, luego profetas, lo tercero maestros, luego los que hacen milagros, después los que sanan, los que ayudan, los que administran, los que tienen don de lenguas.

—1 Corintios 12:28

¿Tienen todos dones de sanidad? ¿Hablan todos lenguas? ¿Interpretan todos?

—1 Corintios 12:30

Gálatas

Cristo nos redimió de la maldición de la ley, hecho por nosotros maldición (porque está escrito: "Maldito todo el que es colgado en un madero").

—Gálatas 3:13

Filipenses

Pues en verdad estuvo enfermo, a punto de morir; pero Dios tuvo misericordia de él, y no solamente de él, sino también de mí, para que yo no tuviese tristeza sobre tristeza.

—Filipenses 2:27

Hebreos

Y haced sendas derechas para vuestros pies, para que lo cojo no se salga del camino, sino que sea sanado.

—Hebreos 12:13

Santiago

¿Está alguno entre vosotros afligido? Haga oración. ¿Está alguno alegre? Cante alabanzas. ¿Está alguno enfermo entre vosotros? Llame a los ancianos de la iglesia, y oren por él, ungiéndole con aceite en el nombre del Señor. Y la oración de fe salvará al enfermo, y el Señor lo levantará; y si hubiere cometido pecados, le serán perdonados. Confesaos vuestras ofensas unos a otros, y orad unos por otros, para que seáis sanados. La oración eficaz del justo puede mucho.

—Santiago 5:13–16

1 Pedro

Quien llevó Él mismo nuestros pecados en su cuerpo sobre el madero, para que nosotros, estando muertos a los pecados, vivamos a la justicia; y por cuya herida fuisteis sanados.

—1 Pedro 2:24

1 Juan

Si alguno viere a su hermano cometer pecado que no sea de muerte, pedirá, y Dios le dará vida; esto es para los que cometen pecado que no sea de muerte. Hay pecado de muerte, por el cual yo no digo que se pida.

—1 Juan 5:16

3 Juan

Amado, yo deseo que tú seas prosperado en todas las cosas, y que tengas salud, así como prospera tu alma.

—3 Juan 2

Apocalipsis

Enjugará Dios toda lágrima de los ojos de ellos; y ya no habrá muerte, ni habrá más llanto, ni clamor, ni dolor; porque las primeras cosas pasaron.

—Apocalipsis 21:4

En medio de la calle de la ciudad, y a uno y otro lado del río, estaba el árbol de la vida, que produce doce frutos, dando cada mes su fruto; y las hojas del árbol eran para la sanidad de las naciones.

—Apocalipsis 22:2

GUÍA DE REFERENCIA RÁPIDA PARA AYUNAR Y ORAR PIDIENDO SANIDAD Y LIBERACIÓN

La incredulidad suele impedir que podamos hacer uso de nuestras fortalezas. Se necesita fe para alejar al enemigo. El ayuno nos ayuda a superar la incredulidad y a cimentar una fe más fuerte. El ayuno y la oración es la combinación más poderosa que Jesús dio a sus discípulos en Mateo 17. No estoy diciendo que al ayunar ganamos puntos adicionales con Dios o que esta es la forma de poder disfrutar de las bendiciones de Dios. No ayunamos para ser salvos, para ganar el favor de Dios o para ir al cielo. No hay ley que diga que si no ayunamos nos iremos al infierno. Ayunamos para avanzar y experimentar un avivamiento con nuestros familiares y seres queridos. ¡Y es que las armas de nuestra guerra no son carnales, sino que están cargadas del poder de Dios!

Algunas cosas solo son posibles a través del ayuno y la oración, y no hay otra manera de lograrlas. Por ejemplo, existen algunos tipos de demonios que simplemente no se rinden. Son fuertes, orgullosos, arrogantes y desafiantes, o espíritus que se han arraigado en familias durante generaciones. Pero independientemente de cuánto haya estropeado un espíritu a su familia, usted puede decir: "Conmigo esto se acaba. No va a pasar a otra generación. Ya no más, demonio. Si mi abuela o abuelo no se opusieron, si mi madre y mi padre no pudieron derrotarlo, yo lo haré. Me niego a ser pobre, a estar perdido, enfermo, a ser rechazado o a ser un desastre...¡No!".

A veces tocará hacer cosas inusuales, extraordinarias y que van más allá de lo común para poder lograr la victoria. Una iglesia común, un cristianismo común, predicas comunes y oraciones comunes no marcarán la diferencia. Una oración bonita, o la religión, tampoco lo harán. Debemos recibir la unción que destruya el yugo. Al ayunar, la unción aumenta en nuestra vida porque estamos llenos del Espíritu. La autoridad de Dios, su poder y la fe en Él cobran vida cuando dejamos de lado algunos asuntos y ayunamos. Notaremos que cada vez somos más fuertes. Gritar no ayudará, sino la unción que nos permitirá alcanzar lo que deseamos.

Isaías 58 nos habla de cómo ayunar puede romper cualquier yugo y deshacer las cargas pesadas. El ayuno libera a los oprimidos, rompe las ataduras y genera un avivamiento.

Cuando estemos lidiando con un asunto serio, tal vez algo que no sepamos cómo manejar, lo mejor que podemos hacer es ayunar durante un tiempo y colocar en oración nuestra petición. Tal vez ningún hombre pueda ayudarnos, y tal vez no sepamos cómo salir adelante, pero con Dios todas las cosas son posibles.

Cuando ayunamos y nos humillamos, la gracia de Dios recae sobre nuestra vida. El Señor será nuestra fortaleza. Lo que no podemos hacer en la carne, lo podemos conseguir a través del Espíritu de Dios, porque no es por fuerza o por poder, sino por el Espíritu del Señor que las montañas pueden moverse.

Situaciones extremas requieren medidas extremas. A veces solo tomamos estas medidas cuando estamos desesperados, cuando estamos cansados de la derrota y estancados en algún aspecto.

Cómo ayunar

El ayuno es beneficioso bien sea parcial o total. Ayunar durante día de forma habitual, fortalecerá nuestro espíritu y nos dará la capacidad de disciplinarnos para ayunos más largos. Los ayunos de tres días, tomando solamente agua, son una manera poderosa de ver cumplidas algunas peticiones. Ester y el pueblo de Israel entraron en un ayuno durante tres días cuando estaban buscando la liberación de la muerte de manos de Amán, el malvado consejero del rey (Est. 4:16). Los ayunos de más de tres días deben hacerlos solo aquellos que tengan más experiencia en el tema.

Yo no recomiendo largos ayunos a menos que haya una emergencia o que el Espíritu Santo nos dirija a hacerlo. Daniel ayunó veintiún días y obtuvo grandes logros para su pueblo (Dn. 9–10). Daniel también era profeta, y Dios utiliza a los profetas que ayunan de diferentes formas para lograr resultados. Jesús ayunó cuarenta días antes de comenzar su ministerio (Mt. 4:1–2). Moisés y Elías también ayunaron cuarenta días (Éx. 34:28; Dt. 9:9, 18; 1 R. 19:8). Conozco personas que han ayunado durante cuarenta días y han visto grandes logros.

Ahora, en el ayuno parcial se pueden ingerir alimentos como verduras y se puede prolongar durante más tiempo. Pero el ayuno completo consiste solo en ingerir agua. El Espíritu Santo nos revela cuando debemos ayunar. Una vida de ayuno, es una vida poderosa.

Ayunando con humildad y sinceridad

En el tiempo de Jesús, los fariseos ayunaban con una actitud de orgullo y superioridad:

> El fariseo, puesto en pie, oraba consigo mismo de esta manera:
> Dios, te doy gracias porque no soy como los otros hombres [. . .].
> Ayuno dos veces a la semana.
>
> —Salmo 25:16

Si nos domina el orgullo, estamos siendo legalistas o un poco fariseos, podemos ayunar y orar durante mucho tiempo, pero no veremos milagros. Los fariseos no veían milagros como resultado de su oración y ayuno. Ellos no tenían poder. Jesús hizo muchos milagros porque era humilde y estaba lleno de misericordia, amor y compasión hacia los demás. Los fariseos solo tenían túnicas largas, y no podían curar ni siquiera un dolor de cabeza, una picadura de mosquito o una uña rota. No podían hacer un solo milagro. No tenían poder porque no eran humildes ni mostraban piedad. Jesús llegó y rompió todas sus reglas. Sanó a los enfermos, resucitó a los muertos y expulsó demonios. Y por ello querían matarlo. Ellos no se preocupaban por la gente; estaban más preocupados en mantener su posición y título.

Nunca permitamos que nuestra posición o título se roben nuestra humildad y alejen la misericordia de Dios de nuestra vida. Seamos siempre humildes y misericordiosos. Ayunemos con humildad, de una forma genuina y no ritualista o hipócrita. Esto es lo que Dios requiere del ayuno. Y debemos hacerlo por los motivos correctos.

El ayuno es una herramienta poderosa si se utiliza correctamente. Los musulmanes y los hindúes ayunan, pero sus ayunos son meramente rituales. Los grandes milagros y los resultados se obtienen cuando el ayuno se hace con el espíritu correcto. Isaías 58, describe el ayuno que Dios ha escogido:

- El ayuno no puede hacerse por gusto propio (v. 3).
- El ayuno no puede hacerse mientras se oprime a otros (v. 3).
- El ayuno no se puede hacer estando en contiendas o debates (v. 4).
- El ayuno debe hacer que inclinemos nuestra cabeza en humildad, como el junco (v. 5).
- El ayuno debe ser un tiempo de introspección y arrepentimiento (v. 5).
- El ayuno debe hacerse con una actitud de compasión por los pobres y los necesitados (v. 7).

Este es el ayuno que Dios promete bendecir. El enemigo conoce el poder del ayuno y la oración, y hará todo lo que esté a su alcance para detenernos. Los creyentes que comienzan a ayunar pueden esperar una gran resistencia espiritual. Cada creyente debe intentar llevar un estilo de vida de ayuno. Las recompensas del ayuno superan con creces los obstáculos del enemigo.

Oraciones para construir una fe poderosa

Expulso cualquier esclavitud que quiera atarme, mirando hacia adelante por la fe y poniendo mis ojos en el Invisible (Heb. 11:27).

❀ ❀ ❀

Decreto y declaro que por fe atravesaré mis pruebas como por tierra seca, y mis enemigos se ahogarán (Heb. 11:29).

❀ ❀ ❀

Rodearé los muros inamovibles de mi vida, y por la fe caerán esos muros (Heb. 11:30).

❀ ❀ ❀

Conquistaré reinos, haré justicia, alcanzaré promesas y taparé bocas de leones a causa de mi fe (Heb. 11:33).

❀ ❀ ❀

He sido confirmado y ungido por Dios (2 Co. 1:21).

❀ ❀ ❀

Activo mi semilla de mostaza de la fe y le digo a esta montaña de padecimientos y enfermedades: "Quítate y vete a otro lugar". Y nada será imposible para mí (Mt. 17:20).

❀ ❀ ❀

Declaro que tengo una fe grande y poco común por el poder de Jesucristo, fe que no es fácil de encontrar en ninguna otra parte (Mt. 8:10).

❀ ❀ ❀

Oro como lo hicieron sus discípulos ungidos: "¡Aumenta mi fe!" (Lc. 17:5).

❀ ❀ ❀

No voy a dudar de la promesa de Dios por incredulidad, sino fortaleceré mi fe, dando gloria a Dios (Ro. 4:20).

❀ ❀ ❀

Mi fe aumenta cuanto más escucho la Palabra de Dios (Ro. 10:17).

❀ ❀ ❀

Camino por la fe y no por la vista (2 Co. 5:7).

❀ ❀ ❀

Declaro que tengo la certeza y veo con convicción aquello que ya alcancé por fe (Heb. 11:1).

Veo a través de los ojos de la fe las promesas lejanas. Creo en ellas y las abrazo, sabiendo que soy extranjero y peregrino sobre la tierra (Heb. 11:13).

❀ ❀ ❀

Me mantendré firme y no vacilaré. Iré confiadamente delante de Dios, pidiendo con fe (Stg. 1:6).

❀ ❀ ❀

No sufriré naufragio en mi vida, pues tengo fe y buena conciencia (1 Tim. 1:19).

❀ ❀ ❀

Declaro que mi fe actúa junto con mis obras, y por mis obras mi fe se perfecciona (Stg. 2:22).

❀ ❀ ❀

Mostraré mi fe por las obras que hago (Stg. 2:18).

❀ ❀ ❀

Debido a mi fe en Jesús, tengo seguridad y acceso con confianza para ir a Dios (Ef. 3:12).

Soy hijo de Abraham porque tengo fe (Gl. 3:7).

❀ ❀ ❀

Soy hijo de Dios porque tengo fe en Cristo Jesús (Gl. 3:26).

❀ ❀ ❀

Puedo irme en paz pues mi fe me ha salvado (Lc. 7:50).

❀ ❀ ❀

Mi fe es viva (Stg. 2:17).

❀ ❀ ❀

El Espíritu de Dios me ha dado el don de la fe (1 Co. 12:9).

❀ ❀ ❀

Tengo fe en Dios (Mr. 11:22).

❀ ❀ ❀

Me será hecho según mi fe (Mt. 9:29).

❀ ❀ ❀

Ningún hombre se enseñorea sobre mi fe. Estoy firme por la fe (2 Co. 1:24).

❀ ❀ ❀

Como Esteban, hago grandes prodigios y señales pues estoy lleno de fe (Hch. 6:8).
Mi fe no está fundada en la sabiduría de los hombres, sino en el poder de Dios (1 Co. 2:5).

❀ ❀ ❀

No seré perezoso. Imitaré a aquellos que por la fe y la paciencia heredan las promesas de Dios (Heb. 6:12).

❀ ❀ ❀

Como justo viviré por la fe (Rom. 1:17).

La justicia de Dios me fue revelada por medio de la fe en Jesucristo (Ro. 3:22).

❀ ❀ ❀

Soy justificado por mi fe en Jesús (Ro. 3:26).

❀ ❀ ❀

Tengo acceso por fe a la gracia de Dios (Ro. 5:2).

❀ ❀ ❀

Soy resucitado por la fe en Cristo (Col. 2:12).

❀ ❀ ❀

Por la fe recibo la promesa de Dios en mi vida (Gl. 3:22).

❀ ❀ ❀

Mi fe y esperanza están en Dios (1 P. 1:21).

❀ ❀ ❀

Mi fe no faltará (Lc. 22:32).

❀ ❀ ❀

Por la fe las promesas de Dios son seguras para mí, pues soy simiente de Abraham (Ro. 4:16).

❀ ❀ ❀

Hago la oración de fe y veré a los enfermos ser sanados y levantarse (Stg. 5:15).

❀ ❀ ❀

Tomo el escudo de la fe y extingo todos los dardos de fuego del maligno (Ef. 6:16).

❀ ❀ ❀

Me coloco la coraza de fe y de amor (1 Tes. 5:8).

Obtengo un grado honroso, y mucha confianza en mi fe en Cristo Jesús (1 Tim. 3:13).

Oraciones para liberar la sanidad

Viviré y no moriré, y proclamaré las maravillas del Señor (Sal. 118:17, NVI).

❀ ❀ ❀

Señor, Tú sanas todas mis enfermedades (Sal. 103:3).

❀ ❀ ❀

Sáname, oh Jehová, y seré sano (Jer. 17:14).

❀ ❀ ❀

Jesús, levántate como el sol sobre mi vida trayendo sanidad en tus rayos (Mal. 4:2, NVI).

❀ ❀ ❀

Soy próspero y tengo salud, así como prospera mi alma (3 Jn. 2).

❀ ❀ ❀

Soy curado por las llagas de Jesús (Is. 53:5).

❀ ❀ ❀

Jesús llevó mis enfermedades y dolencias (Mt. 8:17).

❀ ❀ ❀

Expulso todo espíritu de enfermedad que ataque mi cuerpo en el nombre de Jesús.

❀ ❀ ❀

Rompo, reprendo y echo fuera cualquier espíritu de cáncer que intente establecerse en mis pulmones, huesos, pecho, garganta, espalda, columna, hígado, riñones, páncreas, piel o estómago en el nombre de Jesús.

Reprimo y echo fuera cualquier espíritu que cause diabetes, presión arterial alta, presión arterial baja, ataques cardíacos, accidentes cerebrovasculares, insuficiencias renales, leucemia, enfermedades en la sangre, problemas respiratorios, artritis, lupus, Alzheimer o insomnio, en el nombre de Jesús.

❀ ❀ ❀

Recibo la sanidad y fuerzas en mis huesos, músculos, articulaciones y órganos, en mi cabeza, ojos, garganta, glándulas, sangre, médula, pulmones, riñones, hígado, bazo, columna vertebral, páncreas, vejiga, orejas, nariz, senos paranasales, boca, lengua y pies en el nombre de Jesús.

❀ ❀ ❀

Suelto todos los ataques cardíacos arraigados al miedo, y mando a todos los espíritus de temor a abandonar mi cuerpo en el nombre de Jesús (Lc. 21:26).

❀ ❀ ❀

Suelto todo cáncer enraizado en la amargura, la falta de perdón, al resentimiento y la calumnia, y mando a estos espíritus que abandonen mi cuerpo en el nombre de Jesús.

❀ ❀ ❀

Suelto el lupus enraizado en el rechazo propio, el odio a mí mismo y la culpa, y arrojo estos espíritus fuera en el nombre de Jesús.

❀ ❀ ❀

Me libero de toda esclerosis múltiple enraizada en el odio, la culpa y el rechazo familiar, y arrojo estos espíritus fuera en el nombre de Jesús.

❀ ❀ ❀

Suelto la artritis reumatoide que está enraizada en la falta de aceptación propia y la baja autoestima, y les ordeno a estos espíritus que salgan de mi cuerpo en el nombre de Jesús.

Suelto el colesterol alto que está enraizado en la ira y la hostilidad y les ordeno a estos espíritus que salgan de mí en el nombre de Jesús.

❀ ❀ ❀

Suelto todos los problemas de los senos paranasales ligados al miedo y la ansiedad, y les ordeno a estos espíritus que salgan de mi cuerpo en el nombre de Jesús.

❀ ❀ ❀

Suelto toda hipertensión enraizada al miedo y la ansiedad, y les ordeno a estos espíritus que salgan de mí, en el nombre de Jesús.

❀ ❀ ❀

Suelto el asma enraizada en el temor a las relaciones en el nombre de Jesús.

❀ ❀ ❀

Suelto mi sistema inmunitario debilitado, enraizado en un espíritu débil o un corazón desconsolado, y les ordeno a estos espíritus que salgan de mi cuerpo en el nombre de Jesús.

❀ ❀ ❀

Suelto todos los infartos cerebrovasculares enraizados en el rechazo propio, la amargura y la falta de aceptación propia, y les ordeno a estos espíritus que salgan de mi cuerpo en el nombre de Jesús.

❀ ❀ ❀

Me libero de todas las enfermedades óseas enraizadas en la envidia y los celos, y les ordeno a estos espíritus que salgan de mí, en el nombre de Jesús (Pr. 14:30).

❀ ❀ ❀

Perdóname, Señor, por abrirle la puerta a cualquier padecimiento o enfermedad a través del temor, la culpa, el rechazo propio, la falta de aceptación y de perdón, la amargura, el pecado, el orgullo o la rebelión. Renuncio a estos caminos en el nombre de Jesús.

Oraciones por liberación

Guarda mi alma, y líbrame (Sal. 25:20).

❀ ❀ ❀

Por favor, Señor, ¡ven a librarme! (Sal. 40:13, nvi).

❀ ❀ ❀

Apresúrate, oh Dios, a librarme (Sal. 70:1).

❀ ❀ ❀

Líbrame en tu justicia (Sal. 71:2).

❀ ❀ ❀

Dios mío, líbrame de la mano del impío (Sal. 71:4).

❀ ❀ ❀

Líbrame de los que me persiguen (Sal. 142:6).

❀ ❀ ❀

Sálvame de las aguas tumultuosas (Sal. 144:7, nvi).

❀ ❀ ❀

Líbrame de la violencia de los hombres (Sal. 119:134).

❀ ❀ ❀

Líbrame, conforme a tu promesa (Sal. 119:170).

❀ ❀ ❀

Líbrame de los labios mentirosos y de las lenguas embusteras (Sal. 120:2).

❀ ❀ ❀

Líbrame de mis enemigos y escóndeme (Sal. 143:9).

❀ ❀ ❀

Rodéame con cánticos de liberación (Sal. 32:7).

❀ ❀ ❀

Decreta victorias en mi vida (Sal. 44:4, NVI).

❀ ❀ ❀

Líbrame de todos mis temores (Sal. 34:4).

❀ ❀ ❀

Líbrame de toda mi angustia (Sal. 54:7).

❀ ❀ ❀

Líbrame de los que me aborrecen (Sal. 69:14).

❀ ❀ ❀

Líbrame de mis aflicciones (Sal. 107:6).

❀ ❀ ❀

Envía tu Palabra y líbrame de la ruina (Sal. 107:20).

❀ ❀ ❀

Libra mi alma de la muerte, mis ojos de lágrimas y mis pies de resbalar (Sal. 116:8).

❀ ❀ ❀

Líbrame del poder del león (Dn. 6:27).

❀ ❀ ❀

Por tu sabiduría soy liberado (Pr. 11:9).

❀ ❀ ❀

Camino en tu sabiduría y soy liberado (Pr. 28:26).

❀ ❀ ❀

Recibo señales y maravillas de liberación en mi vida (Dn. 6:27).

Oraciones por liberación del mal

Líbrame del mal (Mt. 6:13).

❀ ❀ ❀

Te ruego que me libres del mal (1 Cr. 4:10).

❀ ❀ ❀

Ningún mal me tocará (Job 5:19).

❀ ❀ ❀

Deja en vergüenza a los que me desean mal (Sal. 40:14).

❀ ❀ ❀

Que ninguna enfermedad maligna se adhiera a mi cuerpo (Sal. 41:8).

❀ ❀ ❀

No temeré a las malas noticias (Sal. 112:7).

❀ ❀ ❀

No seré visitado por el mal (Pr. 19:23).

❀ ❀ ❀

Abstengo mis pies de todo mal camino, para guardar tu Palabra (Sal. 119:101).

❀ ❀ ❀

Guárdame de todo mal (Sal. 121:7).

❀ ❀ ❀

Líbrame del hombre malo (Sal. 140:1).

❀ ❀ ❀

Que muchos sean curados de plagas y espíritus malignos (Lc. 7:21).

Te ruego que me guardes del mal (Jn. 17:15).

❈ ❈ ❈

Expulsa los espíritus malos (Hch. 19:12).

❈ ❈ ❈

No seré vencido con el mal, sino que venceré el mal con el bien (Ro. 12:21).

❈ ❈ ❈

Tomo toda la armadura de Dios, para poder resistir en el día malo (Ef. 6:13).

❈ ❈ ❈

Anulo todos los planes y fuerzas del mal enviados contra mi vida.

❈ ❈ ❈

Que las obras del mal sean quemadas por tu fuego santo.

❈ ❈ ❈

Que los hombres se arrepientan del mal y se vuelvan a la justicia.

❈ ❈ ❈

Que no se establezca ningún mal en mi vida, sino que permanezca la justicia.

❈ ❈ ❈

Suelto todo mal y toda atadura maligna de mi alma.

Oraciones por la liberación propia

Rompo todas las maldiciones generacionales de orgullo, rebelión, lujuria, pobreza, brujería, idolatría, muerte, destrucción, fracaso, enfermedad, debilidad, miedo, esquizofrenia y rechazo, en el nombre de Jesús.

Ato y expulso hoy todos los espíritus generacionales y hereditarios que operan en mi vida a través de maldiciones, en el nombre de Jesús.

❋ ❋ ❋

Yo le ordeno a todos los espíritus de lujuria, perversión, adulterio, fornicación, impureza e inmoralidad que salgan de mi carácter sexual, en el nombre de Jesús.

❋ ❋ ❋

Les ordeno a todos los espíritus dañinos, de rechazo, miedo, ira, enojo, tristeza, depresión, desánimo, dolor, amargura e indignación que suelten mis emociones, en el nombre de Jesús.

❋ ❋ ❋

Les ordeno a todos los espíritus de confusión, olvido, control mental, enfermedad mental, bipolaridad, fantasía, dolor, orgullo y mala memoria, que salgan de mi mente en el nombre de Jesús.

❋ ❋ ❋

Rompo toda maldición de esquizofrenia y mando a todos los espíritus de bipolaridad, rechazo, rebelión y raíz de amargura que salgan fuera en el nombre de Jesús.

❋ ❋ ❋

Les ordeno a todos los espíritus de culpa, vergüenza y condenación que salgan de mi conciencia en el nombre de Jesús.

❋ ❋ ❋

Les ordeno a todos los espíritus de orgullo, obstinación, desobediencia, rebelión, voluntad propia, egoísmo y arrogancia que suelten mi voluntad, en el nombre de Jesús.

❋ ❋ ❋

Les ordeno a todos los espíritus de adicción que abandonen mis apetitos en el nombre de Jesús.

Les ordeno a todos los espíritus de brujería, hechicería, adivinación y ocultismo que se alejen de mí, en el nombre de Jesús.

❁ ❁ ❁

Les ordeno a todos los espíritus que intentan dañar mi cabeza, ojos, boca, lengua y garganta que abandonen mi cuerpo en el nombre de Jesús.

❁ ❁ ❁

Les ordeno a todos los espíritus que intentan dañar en mi pecho y pulmones que abandonen mi cuerpo en el nombre de Jesús.

❁ ❁ ❁

Les ordeno a todos los espíritus que intentan dañar mi espalda y mi columna que abandonen mi cuerpo en el nombre de Jesús.

❁ ❁ ❁

Les ordeno a todos los espíritus que intentan dañar en mi estómago, ombligo y abdomen que abandonen mi cuerpo en el nombre de Jesús.

❁ ❁ ❁

Les ordeno a todos los espíritus que intentan dañar mi corazón, bazo, riñones, hígado y páncreas que abandonen mi cuerpo en el nombre de Jesús.

❁ ❁ ❁

Les ordeno a todos los espíritus que intentan dañar mis órganos sexuales que abandonen mi cuerpo en el nombre de Jesús.

❁ ❁ ❁

Les ordeno a todos los espíritus que intentan dañar mis manos, brazos, piernas y pies que abandonen mi cuerpo en el nombre de Jesús.

❁ ❁ ❁

Les ordeno a todos los demonios que intentan dañar mi sistema óseo, incluyendo mis huesos, articulaciones, rodillas y codos, que abandonen mi cuerpo en el nombre de Jesús.

Les ordeno a todos los espíritus que intentan dañar mis glándulas y sistema endocrino que abandonen mi cuerpo en el nombre de Jesús.

❈ ❈ ❈

Les ordeno a todos los espíritus que intentan dañar mi sangre y sistemas circulatorios que abandonen mi cuerpo en el nombre de Jesús.

❈ ❈ ❈

Les ordeno a todos los espíritus que intentan dañar mis músculos y sistema muscular que salgan en el nombre de Jesús.

❈ ❈ ❈

Les ordeno a todos los espíritus religiosos de la duda, la incredulidad, el error, la herejía y la tradición que entraron a través de la religión que salgan en el nombre de Jesús.

❈ ❈ ❈

Les ordeno a todos los espíritus de mi pasado que obstaculizan mi presente y futuro que salgan en el nombre de Jesús.

❈ ❈ ❈

Les ordeno a todos los espíritus ancestrales que están en mi familia por mis antepasados que salgan en el nombre de Jesús.

❈ ❈ ❈

Les ordeno a todos los espíritus ocultos en cualquier parte de mi vida que salgan en el nombre de Jesús.

❈ ❈ ❈

RECURSOS

La sanidad y la liberación son temas centrales en mi ministerio. He predicado y escrito muchísimo sobre ambos temas. La siguiente es una lista de libros y recursos para una mayor lectura e investigación:

- *Manual de liberación y guerra espiritual*
- *Destruya el espíritu de rechazo*
- *El ayuno para la liberación y el avance*
- *El pacto de Dios con usted para su rescate y liberación*
- *Oraciones que derrotan a los demonios*
- *Oraciones que rompen maldiciones*
- *Oraciones que traen sanidad*
- *Inquebrantable.*

Para conocer más visite la página de internet:

www.johneckhardt.global.

NOTAS

Capítulo 2: La fe en el Antiguo Testamento

1. *Blue Letter Bible*, s.v. "aman", 7 de junio de 2017, www.blueletterbible.org.
2. *Ibíd.*, s.v. "amen", 7 de junio de 2017, www.blueletterbible.org.
3. Basic Training Bible Ministries, 7 de junio de 2017, www.basictraining.org.
4. *Blue Letter Bible*, s.v. "qavah", 7 de junio de 2017, www.blueletterbible.org.
5. *Ibíd.*

Capítulo 3: La fe en el Nuevo Testamento

1. *Blue Letter Bible*, s.v. "pistis," 7 de junio de 2017, www.blueletterbible.org.

Capítulo 4: La liberación es un don de Dios

1. *Blue Letter Bible*, s.v. "ecar", 7 de junio de 2017, www.blueletterbible.org.
2. *Ibíd.*, s.v. "deo", 7 de junio de 2017, www.blueletterbible.org.
3. *Ibíd.*, s.v. "desmeuo", 7 de junio de 2017, www.blueletterbible.org.
4. *Ibíd.*, s.v. "desmeo", 7 de junio de 2017, www.blueletterbible.org.
5. *Ibíd.*, s.v. "garash", 7 de junio de 2017, www.blueletterbible.org.
6. *Ibíd.*, s.v. "ekballo", 7 de junio de 2017, www.blueletterbible.org.
7. *Ibíd.*, s.v. "natsal", 7 de junio de 2017, www.blueletterbible.org.
8. *Ibíd.*, s.v. "chalats", 7 de junio de 2017, www.blueletterbible.org.
9. *Ibíd.*, s.v. "rhyomai", 7 de junio de 2017, www.blueletterbible.org.
10. Ibid, s.v. "palat", 7 de junio de 2017, www.blueletterbible.org.
11. *Ibíd.*, s.v. "lytrotes", 7 de junio de 2017, www.blueletterbible.org.
12. *Ibíd.*, s.v. "rhyomai", 7 de junio de 2017.
13. *Ibíd.*, s.v. "daimoniodes", 7 de junio de 2017, www.blueletterbible.org.
14. *Ibíd.*, s.v. "radah", 7 de junio de 2017, www.blueletterbible.org.
15. *Ibíd.*, s.v. "mashal", 7 de junio de 2017, www.blueletterbible.org.
16. *Ibíd.*, s.v. "kyrieuo", 7 de junio de 2017, www.blueletterbible.org.
17. *Ibíd.*, s.v. "pethach", 7 de junio de 2017, www.blueletterbible.org.
18. *Ibíd.*, s.v. "thyra", 7 de junio de 2017, www.blueletterbible.org.
19. *Ibíd.*, s.v. "derowr", 7 de junio de 2017, www.blueletterbible.org.
20. *Ibíd.*, s.v. "aphesis", 7 de junio de 2017, www.blueletterbible.org.

21. *Ibíd.*, s.v. "pathach", 7 de junio de 2017, www.blueletterbible.org.
22. *Ibíd.*, s.v. "lyo", 7 de junio de 2017, www.blueletterbible.org.
23. *Ibíd.*, s.v. "ashaq", 7 de junio de 2017, www.blueletterbible.org.
24. *Ibíd.*, s.v. "katadynasteuo," 7 de junio de 2017, www.blueletterbible.org.
25. *Ibíd.*, s.v. "daimonizomai", 7 de junio de 2017, www.blueletterbible.org.
26. *Ibíd.*, s.v. "satan", 7 de junio de 2017, www.blueletterbible.org.
27. *Ibíd.*, s.v. "diabolos", 7 de junio de 2017, www.blueletterbible.org.
28. *Ibíd.*, s.v. "yasha", 7 de junio de 2017, www.blueletterbible.org.
29. *Ibíd.*, s.v. "sozo", 7 de junio de 2017, www.blueletterbible.org.
30. *Ibíd.*, s.v. "ra'a", 7 de junio de 2017, www.blueletterbible.org.
31. *Ibíd.*, s.v. "dachaq", 7 de junio de 2017, www.blueletterbible.org.
32. *Ibíd.*, s.v. "ochleo", 7 de junio de 2017, www.blueletterbible.org.
33. *Ibíd.*, s.v. "kataponeo", 7 de junio de 2017, www.blueletterbible.org.

CAPÍTULO 7: POR SUS LLAGAS SOMOS CURADOS

1. *Blue Letter Bible*, s.v. "rapha", 7 de junio de 2017, www.blueletterbible.org.
2. *Ibíd.*, s.v. "marpe", 7 de junio de 2017, www.blueletterbible.org.
3. *Ibíd.*, s.v. "aruwkah", 7 de junio de 2017, www.blueletterbible.org.
4. *Ibíd.*, s.v. "therapeuo", 7 de junio de 2017, www.blueletterbible.org.
5. *Ibíd.*, s.v. "diasozo", 7 de junio de 2017, www.blueletterbible.org.
6. *Ibíd.*
7. *Ibíd.*, s.v. "choliy", 7 de junio de 2017, www.blueletterbible.org.

CAPÍTULO 8: LA SANIDAD EN EL ANTIGUO TESTAMENTO

1. The Voice of Healing, "Healing in the Old Testament", VoiceofHealing.info, 7 de junio de 2017, www.voiceofhealing.info.